雪甲午耻

陈悦 主编

中国海军稀见史料

丁汝昌集（下）

相关史料辑录

孙建军 整理校注

山東畫報出版社

卷　三

李鸿章相关电稿中的丁汝昌资料辑录

1.寄直督张[1]

（光绪九年四月廿日午刻　1883.5.26）

屡电悉。玉山昨寄宝使所拟办法，第一条即难允行，想新使必有此议。已密达总署否？连日左相面称，淮军可调，到粤后饷须自筹。告：如此则不敢调。琴已随行，唐病未甚愈。拟二十一晚登轮，二十三至沪。望饬丁镇带“超勇”“扬威”“威远”先来吴淞候派。鸿复。

2.寄粤督曾[2]

（光绪九年四月二十九日戌刻　1883.6.4）

二十四日电敬悉。顷接伦敦电报：河内法兵败，总兵阵亡，法廷派铁甲及战船各二只来海防。商局探报略同。续后消息，祈探示。脱使不日抵沪，宝使亦来。吴全美兵船闻尚在虎门，鸿派丁提督于初二带兵船一只往廉州查探情形，望饬吴提督在香港会齐同去。鸿顿。

---

〔1〕张树声，时任直隶总督。

〔2〕曾国荃，时任两广总督。

3.粤督曾复电

（光绪九年五月初三日　1883.6.7）

五月初一日接来电，敬悉。吴全美轮船尚在虎门。顷已专差饬吴带船一只，前往香港会晤丁提督同往查探。惟廉州府未必能得越南实在情形，如有确报，再行电呈。荃顿启。初二发。

4.寄粤督曾

（光绪九年五月二十二日未刻　1883.6.26）

黄秀玲探报已悉。顷接总署二十一电称：现奉寄谕，云、桂各拨饷二十万，令其速添劲旅坚扎守御。廉、琼水师太少，尤望飞饬沅甫设法筹添为要等语。丁提督回，询廉琼并无兵船，可否仍饬吴提督酌带前有兵船，或再奏调闽省兵轮两只，陆续前往廉琼洋面巡扼。如北海、琼海口皆可驻泊，少作声势，我师不出粤洋界限，彼亦不致阻难，祈酌之。现奉寄谕令各省整备海防，南北洋兵船皆单，实系无可远拨。鸿启。

5.直督张来电

（光绪九年五月廿六日到　1883.6.30）

现在大沽无兵船。台驾不日北来，闻杨、脱两使亦将到，适郎总查带六“镇”到此，拟暂留大沽操演，以壮声势，备迎接。乞谕丁雨亭知之。声。

6.译署来电

（光绪九年十一月十九日子刻到　1883.12.18）

本月十八日奉旨：闻越民将该王戕害，祸乱方殷，著张树声统带兵勇，直达顺化，妥筹镇抚。或由海，或由陆，迅赴事机，毋任另生他变。广东兵单，著吴大澄驰赴该省帮办。并著李鸿章话派丁汝昌统带师船赴粤听调。前谕岑毓英统营赴防，著迅前进策应等因，钦此。谨先摘要电知，并迅致吴通政。

7.寄粤督张

（光绪九年十一月十九日辰刻　1883.12.18）

啸电悉。顷接十八日电旨，尊处作何布置。顺化海口炮台久为法水陆踞守，似难由海冒险，非徒无益。或先令越员设法通知彼国，推立贤君，以定人心。北洋封冻，丁汝昌仅有两快船，断不能御大敌。内多英员，远征须辞去，而北洋全空，亦非计。吴清卿赴粤，似俟开河后乃便。豹岑未至，粤事付之何人，望筹复。鸿。

8.寄译署

（光绪十年六月初四日午刻　1884.7.25）

奉讲电旨，饬拨船赴闽策应，亟应遵办。惟北洋轮船皆小，本不足敌法之铁舰大兵船。现在防务吃紧，法舰三船留屯烟台口外，每日生火作欲动之势。旅顺孤悬海外，必须严备，已饬丁汝昌统两碰船、两练船驻扼旅顺口内外，与黄金山炮台及宋庆陆军相依护，有警可出入夹击，牵缀敌势，若一抽调，旅顺必不能保。至六镇、蚊船，只可守口，不能海战，叠奏有案。现调大沽、北塘各口防护炮台，断难远去，去亦无益有损。敌情叵测，防务北重于南，似宜慎重，非敢畛域。倘必令旅顺兵船远去，设有疏虞，咎将谁执？张佩纶逼法出口之说，似非知兵审敌者。乞代奏。鸿。

9.寄丁提督

（光绪十年九月初六日亥刻　1884.10.24）

本日奉旨，调南、北洋快碰船会齐，进探台湾消息，务速带“超勇”“扬威”两船来沽，面商一切，勿得迟误。旅顺暂可无事，告知宋、袁、刘、王诸君，照常备御。鸿。

10.寄旅顺丁提督、袁、刘二道[1]

（光绪十年九月十一日午刻　1884.10.29）

顷奉旨催调快船会齐南洋船设法相机援台，丁提督即带“超”“扬”二艘来津请示，所留旅顺各船弁勇，暂交刘道含芳代为统率管束，勿得诿误。鸿。

---

〔1〕袁、刘二道指袁保龄、刘含芳。

11.急寄译署

（光绪十年十月廿三日午刻　1884.12.1）

昨据驻防朝鲜提督吴兆有、同知袁世凯九月杪密禀：日使竹添进一复至，带兵百余换防，似有意欺凌华人。朝鲜内署密告，日本缮卒治兵，决意约俄人觅衅于华，鸿嘱该将等镇静严备。顷忽接旅顺丁汝昌等电禀，“泰安”船到，言朝鲜有事变，我军亦与日接仗，细情另禀，包封驰递等语。殊为骇诧，已电黎使庶昌速探，设法劝息。但日谋叵测，明系乘中法有事，寻衅图朝，恐祸更烈于越南。前遣北洋两快船，在沪修理将竣，此事较援台尤亟，应请旨敕南洋派出五船及北洋二船会齐，东驶朝鲜，援应弹压，阻敌法船不足，以遏日谋尚足壮声势。并恳饬马建患速回差遣，乞代奏速行。鸿。

12.寄译署

（光绪十年十月廿三日未刻　1884.12.10）

顷接旅顺丁汝昌等续电：二十二“泰安”船自朝来，得吴兆有、袁世凯函云，十七盗刺闵泳翊未死，吴等分投弹压。十八兵迁朝王于他处，杀大臣尹泰骏等六人，相臣去柄，外署皆换日党。吴等欲入宫，朝人传王命力阻，日人即拥王回宫，各公使劝我兵勿动。吴等禀恳，调重臣东渡。又茅延年十九酉刻发函，传说王妃死，王未知存亡，朝兵入宫，杀日兵，吴等知会日公使，入宫保护。吴、袁、张带队入宫，日兵先放枪，已接仗。闻仁川日轮开行，恐是回渡兵云云。此乱似由日人播弄，并为主持。然朝臣党日者固多，其臣民不跟者亦众。衅端既开，理处不易，应否钦派大员驰往查办。北河冻封，须由奉天陆路。乞转奏。鸿。

13.寄译署

（光绪十年十月廿五日午刻　1884.12.12）

顷奉二十四密旨，谨即遵办。吴兆有等禀到，即照录寄总暑，转呈御览。大致与前电相符，一切皆日人主持，朝臣皆日党用事，恐有挟王叛华之意。黎庶昌复电，朝事此间尚无闻，外务亦无信，再确探云。可知该政府秘密蓄谋已久，乘我有事时迅发。鸿已电商吴大澂来津会筹一切，再酌定由何路往。奉旨询朝鲜致乱，是否系李罡应余党，查党日者皆非大院君之党，国人甚盼大院回，似应请旨释回，交吴、丁等带往，或宠锡职衔，以系属朝人之心而示羁縻。再式百龄谓南洋各船，素未习西国操法，不愿统带，似难强行，请旨仍令该洋将随船北回，与丁汝昌商办，较易得力。乞代奏。鸿。

14.寄旅顺丁镇、袁道[1]

（光绪十年十月廿七日午刻　1884.12.14）

内意似为黎前电所惑，今当著急，日即调兵，未必先与我为难，但马山口无陆军不稳，吴军恐难速，望将此电转方正祥，令其准备随丁镇俟

〔1〕袁道，指袁保龄。

“超”“扬”到偕行，到即登岸扼扎。清帅来后，再商调派，千万机密。鸿。

15.寄旅顺丁镇、袁道

（光绪十年十月廿八日戌翔　1884.12.15）

黎使电：竹添尚在仁川，昨广岛兵约七百，“扶桑”“比叡”二舰已发往。英电我军击退日兵，料彼此杀伤相当，事不易了。顷电龚催“超”“扬”速赴旅，勿候式及“澄”“驭”；雨亭准备带“威”“超”“扬”并挟方正祥营以行，勿过烟台，致涉张扬。到马浦观变相机，戒诸将勿出战，严守以待清帅。“利运”回即详报。法无转机，内不松劲。奈何！鸿。

16.寄旅顺丁镇、袁道

（光绪十年十月廿九日巳刻　1884.12.16）

二十八密旨：目前办法，总以定乱为主，切勿与日人生衅。榎使谓，或由乱党煽惑，使我两国官不和，打架尚是小事等语。藉此措词，或易了结。著吴大澂乘轮督队迅往，确查酌办，庶将领得所禀承，不至临事岐误。李鸿章仍将两快船调回，著照所请，俟船到即饬丁汝昌酌带队伍驶行等因。钦此。据式百龄电禀，愿带快船北驶，其随弁温得力希等六人电请辞差，均不欲留南，鸿已电令仍随船来，禹亭当妥驾驭。龚报，二十九未刻开行，计日到旅，即钦遵谕旨办理。并传知吴兆有、袁世觊等一体钦遵。鸿。

17.寄旅顺丁镇、袁道

（光绪十年十一月初一日未刻　1884.12.17）

袁、丁电悉。式等随“超”“扬”来，巫炳修、德弁四，袁、刘即妥为安置。鸿嘱日领事电外务，兵勿妄动，勿再添。但竹使叵测，我水陆宜加意严防，彼若犯水师，自须接战，切勿先发，日兵毙三十，必有口舌。清帅已调“海晏”至榆关，候续昌至同去。丁码多误，匆再用。鸿。

18.寄译署

（光绪十年十一月初一日申刻　1884.12.17）

钦奉电旨：式百龄或意在见功，或偏任己见，不服调度，事均可虑，该将行止，著妥议具奏等因。式不愿带南船赴闽实情，邵道电已详言。昨午自沪开行，鸿令赴旅顺与丁汝昌会齐，进泊朝鲜马山浦。日船进仁川，相距数十里。丁汝昌向与洋将共事，颇能联络，严嘱其切勿轻开兵衅，必不致偏任己见，不服调度，可纾宸廑。乞代奏。鸿。

19.寄译署

（光绪十年十一月初五日申刻　1884.12.21）

丁汝昌电报：会同式百龄带“超勇”“扬威”两快船、“威远”兵船，又方正祥庆军一营，于初四夜由旅顺开驶，约初六下午可到朝鲜马山浦。

其留防旅顺之蚊船、鱼雷艇暂交刘道含芳代管。祈代奏。鸿。

20.寄译署

（光绪十年十一月十五日申刻 1884.12.31）

顷旅顺袁道保龄来电："海镜"船自朝鲜回，带丁镇汝昌函，云初六申至马山，"超勇""扬威"泊口门，"威远"泊港内，与方正祥登岸，方扎营。初七丁趋朝京，初八到传历，奉钧电，吴、袁等遵守不妄动。初九见朝王，拜各公使。初十行，十一回船。朝京平静，仁川路梗，南阳路通，竹使有十二带数十兵赴汉城之说，朝特设馆俟之。日商死多由朝民仓猝所为，日使未与我军叙两相击毙事。遣洋弁赶仁川探：日有兵轮二，由商船运军火极多，并于月尾岛存煤粮筑垒，密布水旱雷。铁船一只，带鱼雷艇，陆兵不甚多。探报：又，有日兵船四，在沿海各岛分设。又，吴兆有禀；初三日有日武员吉松到马山浦，土人将害之。炮船弁送营，吴、袁派勇送仁川。袁世凯禀，美使福特力任排解，在仁川极力调处各等语。乞代奏。鸿。

21.译署来电

（光绪十年十一月十七日戌正到 1885.1.2）

曾侯谏电，闻法两舰赴高丽，恐袭我舰，希饬丁汝昌等豫防并筹接应。霰。

22.寄译署

（光绪十年十一月廿九日辰刻　1885.1.14）

旅顺袁道保龄来电："富有"船来丁镇函，略曰：得罗牧丰禄书，朝日二十四定约五款：一、朝遣使请罪；二、恤费十一万元；三、偿矶林大尉命；四、日使馆移建赔费二万元；五、日护卫兵营以使馆附地择定云。井上即东归，未议中日交涉事。世凯与龄函同。"富有"奉清帅饬赴榆关，送疏牍过旅，刻即开，明早至榆云云。鸿。

23.寄旅顺袁道

（光绪十年十二月初六日巳刻　1885.1.21）

此电紧急，即译呈清帅交"利运"速递。二十四、五、八来电均转总署。二十五函阅悉。奉初四寄谕：著吴等将查办乱党及善后事宜详加筹画。金玉均逃往日本，驻京日使并不承认，且云不能与高丽拿人，有意庇护。宜向朝王诘问，令其查明金玉均等究在何处，访拿严办。此时丁汝昌等驻扎保护，事局尚未大定，自难撤回，将来如我军久驻，应如何妥为区画，俾收实效，著吴、续与李统领妥商，会议具奏等因，钦此。

又，总署初四密函清卿等，此时留朝，无事可办，若遽回，此行又觉无谓，必思一收束之法，方为得体。日人急于定议，未必不因我添兵保护有所顾忌。朝王应感天朝复庇之恩，具表申谢，此礼必不可缺。至我兵入宫保护，致被戕害多人，亦应有所赠恤。虽朝廷体恤属藩，将来奏到，谅可仰邀宽免，而该国此举必不可少。金玉均逃往日本，应由朝王向其查问，亦属名正言顺。以上各节，希转致清卿作为己意与该国王言之，俾有遵循，此即收束之法。再，防营不惟此时不便遽撤，似须常为驻守，但饬小心从事云云。廷寄署函，转递恐迟，先撮要电布。日留陆兵五百余，仁川留兵船几只，目前情形即仍小有口舌，谅不至生事端，尊处部署就绪后，拟何时返旆？方正祥营、丁镇师船似应暂留，并令快船常驶海面操巡，俾敌莫测。鸿。

24.寄译署

（光绪十年十二月十三日申刻　1885.1.28）

顷旅顺转寄吴副宪初四电称；初三奉到二十九电旨，并沁电二均悉。井上执公法可不拿交，又无互交罪犯之约，朝员力不能争，即知金玉均住处，非与外务议明，不能往拿，已密告金宏集，朝王下令罪己，语甚痛切，可与图治。昨约同大臣来商拟各节当可行，再钞稿邮寄。又，同日电称：日船陆续开行，式百龄意恐其嗾法船乘虚北犯，拟派“超”“扬”“威”三船出巡洋面，顺回旅顺要防，所见甚是，已嘱丁镇酌办。又，初七电称：善后议有头绪云云。请代奏。吴摺如何批示，乞撮要电知。鸿。

25.寄译署

（光绪十年十二月十五日申刻　1885.1.30）

顷“利运”船回旅顺，寄吴、续两使十一电称：昨接语电，奉初四日谕旨，并总署密函，谨悉。乱党拿获十余人，正在政府鞠问，数日即可定案。金玉均等逃在日本，当由朝鲜派往日本大员，与日外务面商拿办。我军原驻朝鲜三营，方正祥一营，皆可不撤，或须换防，明春再议。快船不必留朝，丁镇亦可回旅。酌派一二船往来递送文报。澂等所议善后用人、育才、恤民、练兵诸大端，俟朝王病愈，面商妥洽再定。启程大约在二十左右。总署函拟谢表、恤费二节，俟见该政府授意办理。澂、昌。真。云云。请代奏。鸿。

26.寄译署

（光绪十年十二月十九日申刻　1885.2.3）

旅顺袁道保龄本日申刻来电：刻"镇边"回旅，得丁镇函，朝防无事，吴帅乘"康济"，巩、绥军分乘"利运""普济"，约廿一、二启行云。鸿。

27.急寄旅顺丁镇、袁、刘道等并译署

（光绪十一年正月初五日巳刻　1885.2.19）

邵、龚道初四电：接"驭远"管驾金荣函称，初一早五点钟，"澄""驭"两船在石浦港内被法鱼雷轰沉，人未多伤。又"驭远"铁鬼力尺生回云：元旦"澄""驭"被鱼雷轰沉，两船仅见桅。法舰仍在石浦洋面游弋。又，沪局电：上海法馆得信后，防我先发，均换俄旗，谣称即有战事云。鸿。

28.寄旅顺口丁镇、袁、刘道等

（光绪十一年正月初七日辰刻　1885.2.21）

总署初六来电，本日奉旨：据曾国荃电称："琛""瑞""济"三船回沪为妥。李鸿章电称：上海法馆均换俄旗，谣称即有战事各等语。"澄""驭"两船甫经失事，"琛""瑞""济"三船势孤，应如何相机进止，着曾国荃、刘秉璋会商妥办。上海即有谣传，着曾国荃确探严防，勿稍疏懈。钦此。即转电南洋、浙抚云云。闻石浦法船于初三午去，"琛""瑞""济"似应赶饬回江口，快船生火足，即偶遇敌踪无妨。鸿。

29.寄译署并旅顺丁镇、袁道

（光绪十一年三月十三日未刻　1885.4.27）

上海电称：接英外部寄来密码电信，其意于数日内，英水师驻中国海面者，将猝有举动，似关涉俄国云。鸿。

30.寄译署

（光绪十一年三月十九日亥刻　1885.5.3）

英据巨磨岛，万不可允，昨已沥陈。顷闻俄使密谋，如许英据巨磨，俄亦欲据一岛，乞速电止曾，勿贻后悔。鸿拟派丁汝昌带兵船往巨磨探英人动静，并密函劝朝王切勿轻许。可否，乞速代奏，并秘之。鸿。

31.寄许使[1]

（光绪十一年八月初四日巳刻　1885.9.12）

卸粤艇，已电香帅派员在港候收。“定”“镇”拟令丁汝昌在沽口验收、换旗。洋役可搭商轮至沪，无须调德船来津，或致失信。鸿。

32.寄津海关周道、丁镇、支应局等

（光绪十一年八月廿八日酉刻　1885.10.6）

竹筠廿七电：“济远”机器又坏，须停修。伏谓管轮不慎，拟请饬“镇远”正管轮速往新加坡经理，候酌。乞即汇三舰款万磅，荷炮全运找价三千镑云。望分别酌办，径电竹使。游。

33.寄大沽交丁镇、周道[2]

（光绪十一年九月初四日辰刻　1885.10.11）

拉合同前令荫昌译出，并各弁合同洋文，面交丁镇，已电署再查。德税司请雇商局船遣送，想未妥，改雇禅臣。三舰轮机、电灯等皆新式。德请酌留廿余人，半年为限，认真教练，期满遣回，务察商妥办。醇邸拟明

〔1〕驻德公使许景澄。

〔2〕周道，指周馥，时任天津道。

春赴沽，登船看操，须于冬内操熟。鸿望后回，即往勘试。

34. 丁镇由厦门来电

（光绪十一年十二月初十日未刻到　1886.1.14）

前遇大风，播度："定"十九、"镇"十八、"济"三十五、"威"四十五。汝昌禀。

35. 寄大沽交丁、琅两提督

（光绪十二年五月十一日巳刻　1886.6.12）

胶州湾是否宜作水师口岸？如何布置？约估需陆军几何？经费若干？望至彼处详细勘度速复。鸿。

36. 烟台交丁、琅提督

（光绪十二年六月十一日酉刻　1888.7.12）

已电东海关道拨给银五千两。前袁世凯电：初四有俄兵船由元山赴永兴湾。顷又接袁电：我船如东去，凯拟约韩臣同赴永兴，查看形势，议开口岸。汝何日可抵元山，应电袁酌办。吴钦差函称：俄勘界巴使，颇愿我船至海参崴游历。到崴后，可径由崴电吴，届时酌定，几船内渡，几船赴崎油修甚妥。鸿。

37.寄译署转呈醇邸

（光绪十二年六月十三日辰刻　1886.7.14）

丁汝昌同琅威理自胶州湾回烟台装煤，即带铁舰快船赴朝釜山、元山。闻俄船窥伺永兴湾，拟令由元山驶巡永兴，聊作声势。吴大澂俄界勘定，欲由海参崴乘我兵船内渡，永兴距海参崴不甚远，各船即往崴游历，顺便接吴。铁舰须上坞油修，俟由崴折赴日本之长崎，酌量进坞。再，巴兰德顷自津旋京，拟再约同各使请期谒晤，求先代陈。鸿。

38.译署转送海军衙门醇邸

（光绪十二年七月初二日未刻　1886.8.1）

丁汝昌电；初一由元山永兴湾开往海参崴。袁世凯电，六月初，俄兵船赴永兴，泊柳岛，旋驶大江岛，绕北青府而去云。鸿。

39.寄译署转呈醇邸

（光绪十二年七月十六日辰刻　1886.8.15）

吴清卿初九来电：澂自三岔口回珲春过海参崴，丁提督带六舰适至。丁与俄帅联络，俄海部尚书巡阅到崴，亦往拜丁。初七送澂至摩阔崴，次日开赴长崎进坞修理，留“超武（勇）”“扬威”在海参崴等候。八月初澂可回津云云。鸿。

40.寄长崎交中国水师提督丁

（光绪十二年七月十七日辰刻　1886.8.16）

十一电到，即饬汇万元。廿可出坞，速赴仁川。韩密送文凭，求俄保护，袁正与争论，我船须到在俄前。鸿。

41.寄日本徐使[1]

（光绪十二年七月十九日酉刻　1886.8.18）

前令北洋水师提督丁汝昌带铁舰赴长崎进坞修理，顷十七电称：水兵先与日捕口角。十六，水手放假，二成登岸，散在各街买物。至八点余，日巡查多人近前寻衅，日捕数百将街巷堵住，逢人便斫，满街民持刀追杀，致死五名，重伤六名，轻伤三十八名，无下落五。请电问日政府何意？祈速电饬崎理事与县官查办。鸿。

42.寄长崎交中国水师提督丁

（光绪十二年七月十九日酉刻　1886.8.18）

十七电骇悉。已电徐使与日外务辩论。崎有中国理事，应催令诘问长崎县，并电钦使查办。汝仍料理速赴仁川。鸿。

---

〔1〕徐使，指时任驻日公使徐承祖。

43. 丁镇等来电

（光绪十二年七月十九日戌刻到　1886.8.18）

“定”今出，暂不便离，“镇”缓进，“济”“威”廿二赴仁。候示。昌、琅。

44. 寄长崎交中国水师提督丁

（光绪十二年七月廿一日巳刻　1886.8.20）

徐电：昨接外务复称，我兵先毙捕一名，旋派捕弹压，复被我兵遮路刃伤，日民不平助殴，致伤多命等语，与理事电称迥异。虽明知日狡，然理称恐亦不尽实。现日廷派员赴崎会审，我亦派参赞杨枢往查，相机商办，请电丁与英人郎克商觅西洋证人，或延状师，庶不再吃亏云。即照办。鸿。

45. 徐使来电

（光绪十二年七月廿一日戌刻到　1886.8.20）

顷接长崎理事电称云：昨日我水手登岸，八点钟突有日捕多人，近前寻衅。又有数百名，将各街巷两头堵塞，逢人便砍，并有该民千余名持兵刃乱杀，弹压救护不及，致杀死弁兵五名，重伤六名，轻伤卅人，五无下落。至起衅因，十四日华兵日捕争闹，各伤一名，皆不重。昨日上岸，嘱丁严饬无带械滋事，讵日人预存害心，千数百人刀砍，倭楼泼滚水、掷石块。我兵不防，散在各街购物，皆徒手，故吃大亏等语。承祖已复电，嘱照会日官，从速究办，并嘱丁军门饬兵无再闹矣。又文致外务，请速办。惟此事所关甚大，请中堂与总署筹一不易之办法，电示尊办。洽。

46.寄日本徐使

（光绪十二年七月廿二日辰刻　1886.8.21）

洽电水阻，昨始到。崎事实出意外，面告津领事嘱电外务严查惩办，于两国交情有关。惟闻韩密送文凭，求俄保护。兵船修竣亟须调往，丁拟留员经理，望饬参赞及状师担文辩论，欲同心御侮，不可阋墙。鸿。

47.丁镇来电

（光绪十二年七月廿二日亥刻到　1886.8.21）

“镇”约廿七出。伤，着人经理；讼，除昌、琅留，他人不如全归，徐派员了结。“济”“威”因雾未开，天好即令赴仁。昌。

48.寄长崎交中国水师提督丁

（光绪十二年七月廿三日辰刻　1886.8.22）

袁盼汝去甚切，“镇”修竣即行。讼事归徐派员妥办。担文须二十六有船去，告知杨枢。“济”“威”速开赴仁，与吴安康妥商。鸿。

49.徐使来电

（光绪十二年七月廿四日申刻到　1886.8.23）

二养电均谨悉。倭轻中，屡函达。崎事起，即知倭必狡。接复文，果谓我兵有意闹。昨接崎理电云：倭官狡诈，请俟杨枢到再办。已照准，现停议。惟仅我理参与办，必难了，有状师或可了，免成大事，贻国忧。求电催担文速来，庶是非可共自于天下，和战亦均有名。廿七船可出坞，望饬丁留员经理，留证候质，船先离倭。是否，请酌示。乞查洽电何处延？承祖，敬巳。

50.寄长崎交中国水师提督丁、琅

（光绪十二年七月廿七日未刻　1886.8.26）

担文到，晤商定妥，留证候质，即带"定""镇"赴仁川。但俄外部云，韩无送文凭事。恐仁船多，韩更惊慌，抵仁后察看无事，或商吴安康带四船他往，汝留一二船驻仁，余即回烟、旅候令，韩电仍未通。鸿。

51.寄长崎交中国水师提督丁、琅

（光绪十二年七月廿八日辰刻　1886.8.27）

西洋报讯我军在崎上岸滋事损威，实由约束不严。船内无医药何也？醇邸函告：英使谓如华有兵轮停泊巨文岛，英国可让。并询巨文左近有可择要常驻处否？由崎赴仁应绕赴巨文，察勘形势再禀复。琅与英兵官熟，谅无嫌疑。祈妥商。鸿。

52.寄烟台交水师统领丁

（光绪十二年八月十三日申刻　1885.9.10）

徐钦差十三来电：顷接崎电称，担云日证百四十人，如我证不全来，日执一面词抵赖，此案不能了。请电北洋，自今日始三礼拜内，宜饬证全来崎，否则不但输，且为万国笑。船主乃要证，尤须来。船来多寡，请酌云。现在崎养伤七人，余证丁知等语。请电丁带全证按期来崎，免担借口等语。此案关系紧要，汝等既在崎闹出坏样，若不如期带全证往致输，定行参办。即电复。鸿。

53.寄日本徐使

（光绪十二年八月十四日巳刻　1886.9.11）

丁覆电：即派船赴仁川，换“济远”回烟，带要证赴崎。韩现无事，崎案须妥办，不得任日偏狡。鸿。

54.寄日本徐使

（光绪十二年八月廿一日申刻　1886.9.18）

初三以前函悉。丁带“济远”“南瑞”并要证二十一由烟赴崎。担与克初谈节略，极有理。总署函：恐日狡赖，全在律师辩争，请电担嘉奖，为我尽力，如结局无损国体、军威，宜有厚赏等语。近日辩论情形若何？鸿。

55.寄译署

（光绪十二年八月廿七日辰刻　1886.9.24）

奉函嘱电奖律师担文，当电告徐。接徐电，担求电谢总署，无不尽心图报。又，我水手受伤，皆荷兰医生疗治，且该医为此案有用之证，乞赏宝星。鸿查可给四等，已电覆允之。又，丁汝昌长崎来电，办理颇得手，日虽狡而已畏。担谓若我政府作劲，更易赢云。鸿。

56.寄译署

（光绪十二年九月初二日申刻　1886.9.28）

冬电悉。丁镇带“济远”“南瑞”两船并要证复往长崎，余船均令琅威理偕赴威海卫操练。“超勇”“扬威”仍泊摩阔崴候吴清卿。吴电，再过旬日可竣事。鸿。

57.寄译署

（光绪十二年九月初三日午刻 1886.9.30）

徐使初二来电；沿海未撤防，慰甚。饷绌兵单，侄所探悉。昨因井言过狡，并云恐失和，故虑及将来审赢后，日仍不认错，则案难了。且知日轻躁，现已备兵整防。前电密饬，非敢张皇，亦非意在用兵，实愿有备无患，且恐缄默获咎，细情已详初一函内。承祖无不竭力相度妥办，总期得体善结。惟日若终不认错，究如何处办，乞与总署预筹，电示遵行。顷接崎理电称，闻有三、四日舰，分泊五岛、平户，又调熊本兵二百来崎，俱扮民装，夜间捕皆带刀藏手枪，盖欲寻衅图赖，已嘱丁戒兵加意等语。幸值户部嘱购铜，借此示无战意，安日心。祈电总署等语。鸿复电以审赢后如日不认错，与伊藤前言相背，当向伊理论，不必速决裂。若案久悬不结，谅彼不能先开衅，我理直亦不患终不得伸。丁已电饬戒备云云。鸿。

58.寄译署

（光绪十二年九月初四日申刻 1886.10.1）

丁汝昌来电：商担文等，证不能回，令刘步蟾率住“南瑞”，约束候审。担谓昌久住崎，日必揣我无备，拟初六晨乘“济远”回威，将续供出证十余名，仍交“济远”载来崎换“南瑞”回云。鸿。

59.寄日本徐使

（光绪十二年十月廿四日酉刻　1886.11.19）

总署电称：醇亲王信云，井上如不允速审竣，并提案东京评断，直告以总、海两署均不愿将就了结，必按公法断清，始见两国友谊，并合华洋公论。倘彼坚执如初，英臬之举，似可立办。盖水手放假，闻系琅威理向丁汝昌商定，担文又未能据理办结。琅与担皆英人，须徐使善于辞令，施以权术，谅连呢未有不护其同类、尽力于我者。设彼又以恐致失和相吓，徐即可告以缓电总署候示，悬案不办，计当自作转圜等语。希并电徐云。鸿查请连呢评断，前嘱英使转致，只将全案证供录咨，或由鸿致英使转交，或由署转致，或由尊处，希酌办。

60.寄沪局译交提督衔琅威理

（光绪十二年十二月十八日申刻　1887.1.11）

顷曾侯函称：巴兰德谓德国家以伏尔铿订造两铁快船回华，添雇管轮及帮驾须用德人。若不雇德人，恐将来评论该船有未能公允之处。德国家愿自行简员帮同办理，必能妥善。汝将来到德验收船后，须与许钦差妥商，需雇管轮、帮驾，可由许与德外部选雇妥人，仍照原条陈办法。切不宜另雇别国人帮驾德船，致于德国体面有碍。丁提督巡洋回时，一并告知。鸿。

61.丁镇等由吴淞来电

（光绪十二年十二月廿三日申刻到　1887.1.16）

前议禀定四新船雇用西员，奉拟管轮由各厂保荐，水师官拟雇通英文语者于驾驶操练相宜。昨宪谕德船用德人，应遵办，惟每船机舱并舱面均不过八人，现议由北洋抽带德水师官二、管轮二、英管轮一。又派马吉芬去，因学生在一船可教习，回时沿途亦充一水师官，共抽六人去，可省六七千之谱。两厂雇人，须俟琅威理到厂考验后禀商钦差，再立合同，免多人数虚糜。昌、琅叩禀。漾午。

62.复丁、琅两提督

（光绪十二年十二月廿三日申刻　1887.1.16）

由北洋现用洋弁内抽带六人，可省费六七千，自应照办。德弁宜派在德船，临时再由琅禀商钦差添雇。鸿。

63.寄丁、琅两提督

（光绪十二年十二月廿五日未刻　1887.11.18）

曾侯复巴兰德函，声明：前汝等条陈内各船雇用洋人，已酌定限制，此次若由德国家简员帮同办理，亦不能更改。原订限制，想巴必照我意电覆本国，将来即由伏厂荐人，琅须禀商许钦差告知外部，合意与否其合同应由琅照原条陈妥订。德弁通英语者由琅挑拣，琅俟罗觉司到再起程，抑先行？鸿。

64.寄日本徐使

（光绪十三年正月初十日辰刻　1887.2.2）

丁提督等电称：我兵除伤毙八名外，查各船因伤成废者四名，经洋医验明。尚有在崎医院四名，有无成废，请饬蔡领事查复。鸿。

65.寄吴淞交北洋水师统领丁

（光绪十三年正月廿六日巳刻　1887.2.18）

德厂合同第十款，船主大副为伏厂合意者，该厂必保固船之工料。又管轮一正二副必归伏厂所荐。前禀由琅酌雇管轮帮驾，实与该厂合同不符。今德国家允代简择管轮帮驾，不愿英人搀越，应密嘱琅但居统船之名，不管德船雇员行海之事，亦可不担德船由德抵华之责成。其雇德员台同，或由许钦差与德国酌订。此意可用洋文密致琅知照。并谕林永升、邱宝仁沿途行驶，均听德员帮驾主意，免致中途有失，伏厂不认保固。德船限四月二十三、五月二十五分期验收。许函谓弁兵四月初旬到德，可同往看验。鸿。

66.烟台盛道速寄水师丁统领

（光绪十三年三月初二日　1887.3.26）

许钦差电："来远"月朔下水。琅请电丁军门，德船不能在合同期前齐备，请饬员役于西六月十五后到英云。"图南"已否定期开驶，到英德须久候，奈何！鸿。

67.丁镇由威海来电

（光绪十三年六月初一日亥刻到　1887.7.21）

接琅威理闰四月十八日来函："致""靖"五月初二、初四；"经""来"五月初十、廿五均可试轮。拟六月半四船齐集英泊士莫海口，令员弁游历练船各厂后，约六月廿三左右可展轮回华，并带一大雷艇来云。汝昌禀。东巳。

68.寄威海丁镇

（光绪十三年八月廿五日辰刻　1887.10.11）

琅二十一苏彝士河来电：因拖鱼雷艇缓行，致延时日，计月十七前不能抵沽，乞准各船在中国南省海口操练过冬。德税司欲请琅先带两船于十月初抵沽查验，两船拖艇缓行。我谓不妥，全军须琅统率操行。德又请在香港驻操，我意或有小修洗处，在港稍停，似宜厦门度冬，操路更广。如此则所雇洋弁明春至沽，方能酌遣，糜费稍多，汝再妥酌电复。鸿。

69.寄朝鲜仁川交水师丁统领

（光绪十三年十月初三日辰刻　1887.11.17）

琅自新加坡初二来电，云明日开行，望丁镇加带兵弁待于香港备用云。希酌办。鸿。

70.丁镇由厦门来电

（光绪十三年十一月初五日亥刻到　1887.12.19）

据琅意，学生上英船无谓，英在东船无新式炮械，多驻商口，相待客气，不及在本军学习切实，乞裁示。英提督亦无函来。

71.复丁镇

（光绪十三年十一月初六日巳刻　1887.12.20）

琅谓英在东船无新式炮械，不及在本军学习切实，亦有理。提督若有函，姑作宕缓之词。但本船须切实教练耳。鸿。

72.寄海署

（光绪十三年十一月廿日午刻　1888.1.3）

顷台湾抚刘电：英、德所造四船，上年奉旨备台澎用，现船已到闽，是否由海军请领等因。查新造四快船，因北洋封冻，派丁汝昌、琅威理暂在厦门操练，俟明春开河后驶津沽验收。查十二年三月，钧署奏明北洋先练水师一枝，业将新购四船并计在内。本年二月二十五日，钧署又奏明：英、德订造战舰来华，臣奕某明年当再赴海口，与臣李鸿章等编立海军第一枝。奉懿旨：依议，钦此。是该四船，叠奉奏准在北洋一枝水师数内，且尚未验收编立，台澎现尚无事，难遽分拨，以致散漫零星，操法号令，参差不齐。是否，请示复，再电复刘抚遵照。鸿。

73.寄旅顺丁、琅提督

（光绪十四年七月初四日申刻　1888.8.11）

台湾刘爵抚来电：连接后山禀报，番变杀官，并围攻卑南大营。山路遥远，非由海道不能通信调兵。台湾船少，请速派快船两只来台，前往查办解围。急切待援，务求饬船速开到基隆为要云。酌派何船前往，即禀复核办。鸿。

74.寄旅顺丁、琅提督

（光绪十四年七月初五日酉刻　1888.8.12）

台抚刘电：请拨快船，专为送信、探事，装兵另有商船。卑南、华莲港均靠海边，可以泊船，请速派，事过可回云。既专为送信、探事，船须稍快。应派何船？即复，鸿。

75.丁镇来电

（光绪十四年七月十三日午刻到　1888.8.20）

初九晚，“威远”到湾，接初四、五两电，因湾至营电不通，即派“致”“靖”两船到烟电禀，并添煤食，候示饬行。昌亦到。因沙河线断，专马送周村。昌禀。十一午自烟发。

76.寄烟台丁、琅提督

（光绪十四年七月十三日戌刻　1888.8.20）

事过旬日，不知台湾后山情形若何？已电刘抚，如必须派往，再令“致”“靖”前去，希在烟预备候调。丁不统带去台，能否放心，即电复。鸿。

77.丁镇来电

（光绪十四年七月十四日申刻到　1888.8.21）

两船早备候，现军中无甚要事。惟“康济”修改，“敏捷”派人，“威远’验修配炮，四“镇”入坞定章，想琅与林镇可商办。昌明日上午回威候示，速带前往。昌禀。

78.复丁镇

（光绪十四年七月十四日申刻到　1888.8.21）

“敏捷”派人、“威远”验修配炮等事，须与琅及林镇妥商定议，俟台电复调，即饬汝速带往。鸿。

79.速寄威海卫丁提督

（光绪十四年七月十五日申刻　1888.8.22）

省帅十三电：来电敬悉。卑南被围半月，消息不通，望船眼穿。昨日始得快船自英来台一只，已派装兵前往救援，不知该处存亡。北洋兵船两只，务饬速来送信、探事云。汝即带“致”“靖”两船速去。操防各事，饬琅与林镇妥商办理，俟卑南事就绪即回。鸿。

80.寄海军衙门

（光绪十四年七月十五日酉刻　1888.8.22）

台抚刘叠次电称；后山番变戕官，围攻卑南大营半月，消息不通，请速派快船来台，前往查办、救援、送信、探事。已饬丁汝昌统“致远”“靖远”二快船赴台，听候调遣，事竣仍回北洋。留防各船操巡事宜，暂饬林泰曾同琅威理商办。祈转奏。鸿肃。

81.寄台抚刘[1]

（光绪十四年七月十六日酉刻　1888.8.23）

已电饬丁汝昌速统“致远”“靖远”两快船赴台听调，事竣即回。鸿。

82.丁镇自刘公岛来电

（光绪十四年七月十六日酉刻到　1888.8.23）

昌去后，操练各事，琅与林认真会商妥办。公事归林镇代（印代行）。昌禀。

〔1〕台抚刘，指时任福建台湾巡抚刘铭传。

83. 丁镇自刘公岛来电

（光绪十四年七月十六日到 1888.8.23）

顷奉调，即带两船开行，到基再报。昌禀。

84. 丁镇由基隆来电

（光绪十四年七月廿日戌刻到 1888.8.27）

两船到基，爵抚如何遣用，并询明卑南情形再报。昌禀。效午。

85. 丁镇由基隆来电

（光绪十四年七月廿一日亥刻到 1888.8.28）

到基，奉省帅电令赴台北，即往谒，饬两船一住澎潮，送吴、万两军信；一住基，送李提督信。今午昌带两船赶卑南晤各统领，商定若干日往返一次。现卑南自陆兵到后，虽击入山，尚在剿抚。余回基再电。昌禀。个巳。

86. 丁镇由基隆来电

（光绪十四年七月廿五日辰刻到 1888.9.1）

廿一到卑时，均出队，昌就队与商，半途队回，悉距卑廿里。吕家望等社尚未抚。廿一攻剿，官兵亦有伤亡。各统云，尚须添兵。“致”“靖”商定七日往返一次。“靖”由卑已往安、彭，“致”刻回基。查后山一路，无妥处泊。华莲港距卑九十迈，惟西南风可暂泊，余须飘洋。苏澳、成广、卑南亦同。昌禀。敬申。

87.丁镇由基隆来电

（光绪十四年八月初四日申刻到　1888.9.9）

在卑各统领，攻吕家望未克。昨奉省帅面谕，令昌去卑，将两船快炮，各起船架会剿等因。明早开，俟到卑如何商办，有船回基再电禀。昌禀。

88.丁镇由基隆来电

（光绪十四年八月初九日酉刻到　1888.9.14）

昌初五到卑，“靖远”尚未到。晤吴、张两统领，先将“致远”快炮两架起至张营。次日赴前敌晤李、万两统领商一切。明日将炮拖至万营攻剿，俟吴镇兵齐，再前进。省帅令昌暂住卑。日后情形，下次船来再报。昌自卑发。齐。

89.寄海署

（光绪十四年八月十九日酉刻到　1888.9.24）

台抚派丁汝昌带快船赴卑南协剿。顷丁镇十七电报：吕家望于十六日攻破，番甚强悍，各军均有伤亡。“致”“靖”共阵亡副头目一名，水兵伤八名。各统领仍留昌在卑数日云。鸿。肃。

90.寄台抚刘

（光绪十四年八月二十一日辰刻　1888.9.26）

二十电已饬盛妥议。丁协攻番社，已告海署。现奏定北洋水师章程，拟请简提督实缺，尊处附奖听便。一军统将，实难久离，望饬九月回北料理，封河时巡南洋。鸿。

91.台抚刘来电

（光绪十四年八月二十三日　1888.9.28）

丁镇尚在卑南未回，已将来电转示。大庄叛番，剿办较易，九月总可回北洋。传叩。养。

92.丁镇由基隆来电

（光绪十四年八月廿五日亥刻到　1888.9.30）

刻与吴、李两统领乘“致远”回基，明日往见省帅。吕家望攻破后，以良吞百余金。大庄尚须办，惟各军伤病颇多，暂住养息。查台有差艇三，可资运送。我以有用之船久奔走，误操可惜。近屡起大风，昨日尤险。揆此间意仍欲再留两船，俟见省帅如何示再禀。昌禀。径酉。

93.台北交丁提督

（光绪十四年八月廿六日巳刻　1888.10.1）

昨因汝断难久留，电知省帅，已复允。北洋水师经制定章，二十五海署奏，奉旨准，亟须开办。琅威理来津，面称目疾，请假回国，允俟汝回营再行，决难再缓。应说告省帅，克日北旋，并来津面商一切。鸿。

94.丁镇由台北来电

（光绪十四年八月廿八日午刻到　1888.10.3）

奉谕即呈省帅，阅后面准昌先回，必须仍留一船候大庄事定再北旋。明日派“致远”去卑，将在岸炮起回基，昌乘回北。留“靖远”在台否，祇候示遵。昌禀。沁。

95.复丁提督

（光绪十四年八月廿八日午刻 1888.10.3）

可乘“致远”北旋，暂留“靖远”。俟大庄事定即回，勿逗留，并报省帅。鸿。

96.寄译署

（光绪十四年九月初六日未刻 1888.10.11）

台抚刘支电：后山吕家望甫经攻克，各军不能抽回。彰化土匪聚众抢劫盐馆后，围攻城池，台南北兵力单薄，兼疫疠之后，兵勇十病五六，虽派铭军三营往援，恐不济事。闻提督朱焕明受伤甚重，已电福建速拨三千人来助。如匪势日众，须求南北洋调拨三四千人来助，以免日久蹂躏地方。丁镇本日已回北洋。请转电总署云。鸿。

97.寄海署

（光绪十五年三月初一日 1889.3.31）

提督二月初由沪回北洋，二十四日带“定远”“经远”泊大沽沙外。“济远”“来远”在沪上坞油修未回，“康济”在船政改修，余船均在，未回操练。丁汝昌禀。

98.寄海署

（光绪十五年三月十二日辰刻　1889.4.11）

丁汝昌电禀：由沽口带“定远”“经远”船十二日抵威海。水师各船现除“镇南”“镇西”在沽油底外，馀船均驻操威海，将新章要事清理，再报出海操巡云。鸿肃。

99.寄海署

（光绪十五年三月二十七日戌刻　1889.4.26）

丁汝昌电：“定”“镇”“济”“致”“靖”“经”“来”“超”“扬”九船抵大连湾操。鸿肃。

100.寄海署

（光绪十五年四月初六日午刻　1889.5.5）

丁汝昌鱼电：各船打靶试雷已毕，明日回威海云。鸿。

101.寄海署

（光绪十五年四月初十日辰刻　1889.5.9）

丁汝昌电：顷接吴安康电，各船修理方工竣，现因水小，须十五日可出口北来云。鸿。

102.寄海署

（光绪十五年四月二十五日申刻　1889.5.24）

丁汝昌电："威远""敏捷"昨回威海。南洋各船二十抵烟台，尚未来威云。鸿肃。

103.寄海署

（光绪十五年四月二十六日申刻　1889.5.25）

丁提督电：吴安康昨晚带"寰泰""镜清""开济""保民""南琛""南瑞"六船到威。应如何会操，容细商，俟各号令鸣悉，方可出海操巡云。鸿。

104.寄威海卫丁提督

（光绪十五年五月初二日酉刻　1889.5.31）

船政裴来电："龙威"钢甲舰试洋，升大火，每点钟得四十二中海里，极为坚稳灵动，惟右边机器在洋面折损小螺丝两个，业在壶江修整完好，驶回次；该船镶配工程尚须两个月。闽无谙练管驾，应恳中堂，或派管驾官一员，带驾驶、管轮人等来闽上船；或即派"康济"萨都司管带赴津，则敝局当另派出洋学生黄鸣球暂带"康济"。立盼电复云云。应否即派萨都司管带"龙威"来津验试，希妥核复。鸿。

105.寄海署

（光绪十五年五月廿日亥刻　1889.8.18）

丁汝昌、吴安康电禀：拟二十四日同北船约同开烟台添煤购物后分两队，林泰曾带"镇""济""超""扬"并"南琛""南瑞""保民"七船，在北洋各口操巡，约一月回威。昌与康带"定""致""靖""经""来"并"寰泰""镜清""开济"八船去朝鲜沿海各口，并至海参崴一带操巡，约两月回威。两队到有电报之处，随时电禀。"敏捷""镇西""镇南"三船留威，轮流出口操练。"威远"拟先令去朝鲜一带操（巡）并量水云。鸿肃。

106.寄刘公岛丁提督并吴镇

（光绪十五年五月廿日亥刻　1889.6.18）

电称分路出巡、合操，甚妥。釜山、元山各处访查，俄船拟在何处屯煤？海参崴前有不准两三船同进口之说，妥商办理。回时详报一切。鸿。

107.寄水师丁提督等

（光绪十五年五月廿九日辰刻　1889.6.27）

朝鲜东海各岛，于大局颇有关系，应就便酌派各船分赴韩东各岛，详询土名，测绘图说呈核。鸿。

108.寄海署

（光绪十五年六月初二日亥刻　1889.6.30）

丁汝昌等电：八船抵朝鲜仁川。鸿。

109.寄译署

（光绪十五年六月初五日酉刻　1889.7.2）

袁世凯本日电：顷与赵秉稷商明，嘱其先往俄使处，请于“图们江两国沿岸”下注明“指由海口至二十韩里内”等字，如俄坚不允，再另照会声明。再，丁提督汝昌等至汉城，今日韩王请见丁、吴云。鸿。

110.寄海署

（光绪十五年六月初八日酉刻　1889.7.5）

丁汝昌等朝鲜来电：八船明早开韩东一带测操，均不能通电，俟月底到海参崴再电呈。请转海署云。鸿。

111.寄海署

（光绪十五年六月廿二日酉刻　1889.7.19）

丁汝昌釜山来电：廿各船由巨文岛开元山。过釜山外，因电报，令“威远”进口泊两日。到元山俟煤添齐，“经”“寰”来威，去土门江一带测操数日，再分船去海参崴，两船到穆湖崴。余船留元山交刘镇督率操练。到崴再报。请电海署云。

112.醇邸来电

（光绪十五年六月二十四日酉刻到　1889.7.21）

屡接丁提督电报，我军南北会合操巡，将士宣劳可念。韩王接晤并分巡诸口各情形，有无日记或大致节略，希代电问寄知为慰。仍代传语嘉奖各军。醇具。迥。德转禀。

113.京局交石虎胡同潘道

（光绪十五年六月二十六日辰刻 1889.7.23）

转呈王爷：元山东北一线无电线传电谕，丁提督稍迟再寄各船日记，须回防后汇抄咨呈。俟禀大略，先转报。鸿肃。

114.寄海署

（光绪十五年七月十四日巳刻 1889.8.10）

丁汝昌自朝鲜釜山来电：各船顷到釜装煤，约十八开驶。“定”“寰”“威”途中尚测看两三处，余船邓世昌先带回威。日记并晤韩王情形，俟昌来津面呈转送。请电海署云。鸿。

115.寄海署

（光绪十五年八月初九日巳刻 1889.9.3）

丁汝昌电：昌率“定”“镇”“威”三船刻抵旅顺，余船昨令林镇在威海督率，照章操练云。鸿。

116.醇邸来电

（光绪十五年八月二十一日午刻　1889.9.15）

丁提等巡海宣威，官兵安旋，甚慰。图说均阅。丁晤韩王，答语得体。时报演球事，可喜。铁路如何下手，现与庆邸商，拟公函迟日分寄。又，面嘱盛、景二道转达各节，均俟面陈。志锐条奏复语定否。秋凉尽，躬须珍卫。麦生电治有效，病久难速愈耳。醇具。漾。德转奏。

117.复醇邸

（光绪十五年八月二十四日巳刻　1889.9.18）

转呈王爷。漾电谨悉。电治有效，慰甚。麦常将诊状函告伊师爱尔文，据爱面称，须兼服补筋药水较速，鸿服已一年，极和平，乞酌。贱体经秋更适，承念感纫。丁提等传谕嘉勉。冬间拟赴越南、小吕宋洋面操巡。铁路事俟函到筹复。闻香涛拟陛见请示，志奏正在核议，容续陈。鸿肃。

118.寄海署

（光绪十五年九月十三日酉刻　1889.10.7）

丁提督威海电：江南各船明日去烟台装煤，二十内回沪云。鸿。

119.船政裴来电[1]

（光绪十五年十月初五日申刻到 1889.10.28）

来电祗悉。"龙威"到沪，据护送委员许令贞干等电禀，廿四由沪开行，廿五因捩机误开，驶回；廿六开行时许，左抽汽机轴折，复驶回修整，旬余可竣等语。恐有讳饰，已派许桐及管轮洋教习斐士博赴沪切实查明，未据禀复，故未电达。如该船修好，当仍饬其随丁统领南下各船，巡历海口，以验良窳，如有疵病，当即据实奏参云。鸿。

120.寄船政裴

（光绪十五年十月初七日亥刻 1889.10.30）

丁提督、琅威理公电："龙威"出闽过沪，即屡坏机器，恐成病骥，为海军日后糜费大累。若将就留用，船行大帮，一船出病，各船停候，耗费不轻。昌等筹商，如试验机器果不合法速率，不能合班够用，未便收留。今年各船巡洋路远，二十后必须南行，未便再待。该船在沪两礼拜收拾，能否北来仍未可定。在沪能验而未能收，预备事多，亦难归队，故前电请开春北来，拟请核复云。所言均系实情，中途实难验收，祈谅之。鸿。

---

〔1〕船政裴，指时任船政大臣裴荫森。

121.寄烟台丁提督等

（光绪十五年十月初八日酉刻　1889.10.31）

鱼电“龙威”在沪能验而未能收，预备事多，亦难归队。所拟极是，已电船政查照。将来过沪察看，如不合用，切勿将就为要。鸿。

122.寄烟台丁提督

（光绪十五年十月初八日午刻　1889.10.31）

船政电：“龙威”船身及双轮机毫无弊病，只因小抽水机、小抽汽机屡次修改，是以耽延。顷接上海许令贞干来禀，二十六开行，系小抽汽之机轴折伤。此件无备用，须回沪制配，因顺便进坞看底，俟丁统领南下时即随北军巡洋，明春随同北上，亦易知其良赢。求钧电饬丁提督，先于巡洋时勘验，随时电闻，以纾廑系云。昨电似尚未接到。将来过沪勘验后再议随同巡洋与否。鸿。

123.寄海署

（光绪十五年十一月初五日午刻　1889.11.27）

丁提督电：“定”“镇”“致”“靖”“经”“来”六船，拟初七日由威海卫直开上海；“济远”“超”“扬”三船，同日开，绕胶州到沪；“威远”十三日亦由威去沪。琅威理与昌熟商，各船今冬必须进坞，一则船底苔蛎过多，二则远去费煤，到沪如何办理，再电禀。留威海者，“康济”“敏捷”“镇南”“镇西”并练勇学堂，已令“康济”管带萨镇冰督率操巡。如北洋冬令沿海倘有意外之事，以及机器厂商明，威海水陆营务处牛道代为指示。请电海署云。鸿。

124.寄海署

（光绪十五年十一月初十日　1889.12.2）

丁提督本日电：“定”“镇”“致”“靖”“经”“来”各船刻抵吴淞。鸿。

125.寄船政裴

（光绪十五年十一月二十二日酉刻　1889.12.14）

丁提督由沪电称：“龙威”出海驶回、验三点钟之久，往返推算，风差水溜每点钟均未过十一海里，如火舱人尽得力，再用好煤，当可过十一海里。船身长英尺一百九十七尺，宽英尺四十尺，船头吃水十三尺四寸，船尾吃水十五尺，煤舱可容二百吨，全船吨载、炮位、煤斤配装齐备，计二千二百吨，舱深二十二尺。至抽水机，在沪修理后，虽两次出海，未坏，拟请裴大臣更向外洋另购一副备用，以昭慎重。现仍留该船驻沪数日，将应有添改之处逐一细查，并派洋管轮一名，随该船赴闽，更将机器拆验，并赶办添改工程，以便明春一同北来云。希另购抽水机备用。鸿。

126.寄丁提督电

（光绪十五年十一月二十二日酉刻　1889.12.14）

来电照办，已转电船政。鸿。

127.寄上海丁提督

（光绪十五年十一月廿五日巳刻　1889.12.17）

船政电："龙威"经丁军门出海驶验，拟向外洋另购抽水机一副备用。该船由沪回闽，并派洋管轮一名同来，将机器拆验，并赶办添改工程，以便明春随舟师北来。均照办云。鸿。

128.寄海署

（光绪十五年十二月初八日酉刻　1889.12.29）

丁提督自上海电：林镇率"镇远""靖远""来远"三船，初九日开赴基隆后山。汝昌率"定远""致远""经远"，拟十二日开赴基隆过澎湖。均在台南安平会齐，赴香港。另饬"威远"出海，赴闽浙一带海口测操。请电海署云。鸿。

129.寄海署

（光绪十五年十二月十六日午刻　1890.1.6）

丁提督咸电：十二由沪开，十四午后抵基隆外，浪大口内狭，不能进，改向行，刻抵澎湖云。鸿。

130.寄海署

（光绪十五年十二月十七日戌刻　1890.1.7）

丁提督电：林镇带“镇远”“靖远”“来远”十二未刻到基隆抛锚，因连日大风，未开绕后山，现电调来澎湖归队后，“定远”“镇远”“经远”“来远”直去香港；“致远”“靖远”两船，因刘抚来电，万镇在恒春剿番，嘱派绕该处声援云。鸿。

131.寄海署

（光绪十五年十二月二十一日戌刻　1890.1.11）

丁提督本日电：“定”“镇”“经”“来”四船刻抵香港，请电海署云。鸿。

132.寄海署

（光绪十五年十二月二十八日巳刻　1890.1.18）

丁提督香港来电："定""镇"油底修配，连日核议，估定照章在坞日期外，每船拆验轮轴，在坞须多八天，并零星修理，共需二万四千余元，合上年修费加倍。坞内现有船，约新正初五"定远"可进坞云。鸿。

133.寄海署

（光绪十六年正月十九日申刻　1890.2.8）

丁提督香港来电："定远"二十二方能出坞，"镇远"是日即可进坞。"超""扬"两船进坞油底并验轮轴、修配等事，共估费八千余元。粤督派广甲来港，嘱代验估修，并奉公文，"广甲"修竣，照北洋章程随队北上操练云。鸿。

134.寄海署

（光绪十六年二月初四日亥刻　1890.1.22）

丁提督香港电："镇远"初期出坞，"超""扬"即可进坞。昌拟初六带"致""济""经""来"四船出洋，操巡南海一带，约二十内回香港。"定""镇""超""扬"四船在港操修，琅威理与两镇督率妥办。请电海署云。鸿。

135.寄海署

（光绪十六年闰二月二十五日未刻　1890.4.14）

鸿二十五到津。接丁提督新加坡来电：二十六起程往小吕宋云。鸿。

136.寄海署

（光绪十六年三月初六日亥刻　1890.4.24）

丁提督初四日来电：现抵小吕宋，本月初十内赴香港云。鸿肃。

137.寄海署

（光绪十六年三月十一日巳刻　1890.4.29）

丁提督来电：队船刻回香港赶装煤，约十八赴福州船政，料理粤东新制船只云。鸿。

138.寄海署

（光绪十六年三月二十一日辰刻　1890.5.9）

丁提督廿电：北洋六船并“广甲”刻抵马尾，赶办“龙威”、粤船各事，约月杪赴沪云。鸿。

139.寄海署

（光绪十六年四月初二日酉刻　1890.5.20）

丁提督由上海来电：六船及“平远”“广甲”均抵沪，俟各事料理清楚，回威约初十内云。鸿查“龙威”钢甲船现商船政改名“平远”。

140.寄海署

（光绪十六年四月十一日亥刻　1890.5.29）

丁提督本日电：“定”“镇”“致”“济”“经”“来”“超”“扬”及“平远”“广甲”八船刻抵威海云。鸿。

141.寄海署

（光绪十六年六月十三日戌刻　1890.7.29）

丁提督初六电：今早带同南北各船赴大连湾打靶并演鱼雷。“敏捷”已单令出海操，“平远”“镇南”留威操云。鸿。

142.寄海署

（光绪十六年八月初四日戌刻 1890.9.17）

丁提督支电："定远"六船刻接朝鲜釜山，俟"镇远"六船齐集，装足煤吨，定期开船再报。请转海署云。鸿。

143.丁提督来电

（光绪十六年八月初九日未刻到 1890.9.22）

"镇远"一队抵釜。叶管带称：上月二十七晨，"靖远"与"南瑞"由海参崴开回元山，途中天始晴静，至午，风雨骤至，入夜愈猛，骇溜横拍。"靖远"舵力不抵，迷濛中被涌山侧，斜掠而过，船首铁冲外甲擦偏，右帮铁板一块伤三小孔，当即用铅钉补。到元报由林镇验明，昌亲复验无异。该船虽值风溜致伤，究由驾驶不慎，请一如"致远"案办。时未一年，"致""靖"相继遇险，统将德薄，故事多歧，统侯事竣，趋津伏候宪示，免再误于日后也。昌叩。齐。凯转。

144.寄海署

（光绪十六年十月二十六日申刻 1890.12.7）

丁汝昌电："定远""镇远""济远""经远""来远"五船拟二十八日开沪巡南洋，馀船在威海令邓世昌督率操练。因"致远"底已油，"超勇”“扬威”留北，开年进旅坞，以省靡费。请电海署云。鸿。

145.寄香港交北洋丁提督

（光绪十六年十二月十一日戌刻　1891.1.20）

真电悉。“定”“镇”两船赶紧油修，明正即须预备东巡日本之事。知府联兴调粤，起早到“镇”搭轮，有要函交带，灯节前必到。吾三月初十后出海，该军当先期赶回，庶不误差。鸿。

146.寄香港交丁提督

（光绪十六年十二月十六日申刻　1891.1.25）

俄太子明春来华，二月二十三至香港。拟派快船二只，由港随护赴广州、福州、上海、汉口、烟台。闻伊带俄快船四只，我船须能同阵随行，似“致”“靖”为宜。汝须先期调集，约束严明，勿贻讥笑。至汝赴日本，何时由港径去，计游巡东洋各口，事竣回津接我，勿误三月初十之期。希筹定随时电复。鸿。

147.丁提督来电

（光绪十六年十二月十八日申刻到　1891.1.27）

谏电敬悉。与两镇商，宜先筹随护俄太子暨大阅事。如促巡东洋，碍难周历细阅，本军船亦无暇调齐整备。拟俟大阅后，再游巡东洋各口，缓急两宜，庶副钧意。可否？候示再筹备。汝昌叩。巧。

148.寄香港交丁提督

（光绪十六年十二月十八日申刻　1891.1.27）

巧电悉。俄太子只须派两快船随护。汝等既以时促，难分巡东洋，缓至大阅后再去亦好。可先函电伯行知悉。兵轮在外，恐操练规矩懈怠，该提镇当时时振奋精神，勤苦督率。鸿。

149.丁提督来电

（光绪十六年十二月廿日巳刻到　1891.1.29）

啸电敬悉。护俄太子，遵派“致”“靖”，惟“致远”在威，俟船由港开，电调到沪，严明一切。沿海随护，“致”“靖”相宜；长江，似宜用“寰泰”“镜清”。如宪议均用“致”“靖”。昌到沪，须与马道商拨引港。“定”“镇”油修，明正初四五可竣，静候联守，信到即开。汝昌叩。效。

150.寄香港交丁提督

（光绪十六年十二月廿日午刻　1891.1.29）

俄太子约二月二十三到香港，再往广东、澳门等处。“致远”俟二月初调往港，取齐候随护俄储，三月初赴沪，初八开往汉口。届时春水渐长，“致”“靖”自可入江，与马道商拨引港。若中遇有水浅处，即停候随同出海。此系北洋专派之差，不分疆界，无庸借用他船。鸿。

151.寄上海交丁提督

（光绪十七年正月廿九日亥刻　1891.3.9）

俄使及洪、许两使电：俄太子往福州、上海、汉口，拟不往烟台。“致”“靖”两船，应仍照原议赴港候接护，即随伊大快船进止，可不深入长江。俟伊回沪往日时，“致”“靖”北来归队，联兴亦附船随行。我拟改于四月出海校阅舰队矣。鸿。

152.丁提督由上海来电

（光绪十七年正月廿九日亥刻到　1891.3.9）

据在沪俄领事、俄船主云：太子由本国乘坐大快船二只，吃水二十八尺，均不得进上海口，在儓岛寄泊，换驻“亚西亚东部”、吃十二尺水船往汉口。查“致”“靖”吃水十七尺五，只能随大快船进止，如随俄浅水船进长江，现约计只可至芜湖一带止。又，我船较彼船快慢不同，每至一处，倘彼船快，我船只可后到。是否候电示，饬两船赴港？汝昌。

153.寄粤闽江鄂四督并海军丁提督

（光绪十七年二月初一日申刻　1891.3.10）

总署来电：俄使函称，俄储二月二十六到香港，仍至广州、福州，不赴上海，三月初十抵汉口，后径赴日本云。希分电各处，届时优为款接云。鸿。

154.寄海署

（光绪十七年二月十二日戌刻　1891.3.21）

丁提督电：赴南各船，除“致远”“靖远”由沪去香港候接俄太子，“平远”留福州随护雷艇北来，馀船均回威海云。鸿。

155.寄日本李使〔1〕

（光绪十七年五月十三日申刻　1891.2.19）

海军提督丁电：遵奉面谕，带“定”“镇”“致”“靖”“经”“来”六船于二十二开赴长崎，添煤后，由内海直去京。俟晤公使，再定游历沿境各口。事竣回军，顺阅大阪、神户等处。请电星使转致日本外部云。

〔1〕李使，指时任驻日公使李经方。

156.寄日本李使

（光绪十七年五月十三日申刻　1891.2.19）

丁提督电：请电星使，知会长崎领事，代雇内海妥熟领港六人，中须有西国人三名。

157.寄译署

（光绪十七年五月二十一日　1891.2.27）

日本屡请我兵船往巡修好。现派海军提督丁汝昌统“定远”“镇远”“致远”“靖远”“经远”“来远”铁快船，于五月二十日开赴日本马关，由内海至东京晤李公使，再商定巡阅沿境各口，事竣并顺阅大阪、神户等处。据李使回电，已转致日外务省照料。请代奏。鸿。

158.寄海署

（光绪十七年五月二十三日午刻　1891.8.29）

丁提督电：昨抵马关寄泊，今早赴神户云。鸿。

159.寄日本神户交海军丁提督

（光绪十七年五月廿三日亥刻　1891.8.29）

总署电：本日奉旨：李鸿章电奏已悉。日本既有意修好，著严饬丁汝昌加意约束将弁兵勇，不得登岸滋事。长崎前辙，俄储近事，皆应切鉴。其巡历情形及回伍日期，并著随时电奏，钦此。务即照办。鸿。

160.寄海署并译署

（光绪十七年六月初五日巳刻　1891.7.10）

日本李使等初四电：方已偕昌、六管带见日王、亲王，其海宗、外部各特开茶会。昌拟在船茶会一次答礼。十二三开赴神户、长崎，顺道阅各海口回威海云祈代奏。鸿。

161.寄译署并海署

（光绪十七年六月十五日辰刻　1891.7.20）

丁提督寒电：全军回神户、兵库地方，十九日开往长崎云。鸿。

162.寄译署并海署

（光绪十七年六月二十五日酉刻　1891.7.30）

丁提督二十四日来电：全军抵长崎。鸿。

163.寄译署并海署

（光绪十七年六月三十日午刻　1891.8.4）

丁提督电：全军明日由长崎回威海。鸿。

164.寄译署

（光绪十七年七月初五日巳刻　1891.8.9）

丁提督报：初四全军回抵威海。鸿。

165.寄译署

（光绪十七年八月十七日午刻　1891.9.19）

谏电嘱派北洋二艘往沪驻防，腾出南轮赴鄂。已电饬丁提督即派二艘赴沪暂驻。鸿。

166.寄南洋刘[1]

（光绪十七年八月二十一日午刻　1891.9.23）

总署电商，由北洋派兵船二艘驻沪，腾出南轮赴鄂。已电致丁提督派“经远”“靖远”两快船于二十三起碇赴沪暂驻。祈饬沪道知照。沿江各口似均驻有兵轮，北轮吃水惧深，恐不能深入长江耳。鸿。

167.寄海署

（光绪十八年五月二十九日申刻　1892.6.23）

丁提督日本来电：六船二十九抵长崎。初四“致远”“威远”去横滨，回过神户；“靖远”“来远”同日开元山、穆湖崴、海参崴云。鸿。

168.致译署并海署

（光绪十八年六月初九日巳刻　1892.7.2）

丁提督长崎庚电：“靖远”“来远”昨日抵海参崴，“致远”“威远”今到横滨。李钦差昨由神户乘商船，明日到崎云。鸿。

〔1〕南洋刘，指时任南洋大臣刘坤一。

169.寄译署并海署

（光绪十八年六月二十三日酉刻　1892.7.16）

袁道电：顷釜山报，“致远”“威远”“定远”进口，丁提督到。“经远”由长崎回威海云。鸿。

170.寄译署并海署

（光绪十八年六月三十日申刻　1892.7.23）

袁道本日电：顷接仁川电称，丁军门率“定远”等四船出口回威海云。鸿。

171.寄译署并海署

（光绪十八年八月十八日戌刻　1892.10.8）

丁提督汝昌电称：派“济远”“平远”“扬威”三船，十八日早八点钟同时由威海出洋，绕巡烟台、庙岛、祈口、大沽、北塘、营口、复州、长兴岛、金州、旅顺各口洋面，限九月初十以前至大连湾，与提督会齐大操云。鸿。

172.寄译署并海署

（光绪十八年九月初五日申刻 1892.10.25）

丁提督电：初六日乘“镇远”去大连湾，俟旅顺油修各船工竣，并操巡各船到湾齐集后，大操打靶云。鸿。

173.寄刘公岛丁提督

（光绪十九年三月廿七日酉刻 1893.8.12）

迭据袁道电，韩忠清道报恩县聚有教匪三四万，竖旗招人，声称驱逐洋倭倡义，韩王派员往谕解散，不听势须用兵。汉城人心骚动，深虑害及洋人，致生外侮，各国官商甚惊惶。仁川泊日兵船二只，弁兵三百三十余人，华船只操江水手三十余人云。总署电询，“来”“靖”两船在仁，须实力保护，不知已撤回也。务速派快船二只驶往，令其商候袁道调度，切勿大意，致有意外之变干咎。即速复。鸿。

174.寄译署并丁提督

（光绪十九年三月廿八日戌刻 1893.5.18）

袁道勘电：今又迭劝速遣重臣，分赴宣赦抚解。接鱼允中本日电，该匪因乏粮，又闻大兵将集，甚悔窘，如开诚抚谕，可望渐散云。鸿。

175. 寄朝鲜袁道[1]

（光绪十九年三月二十九日辰刻　1893.5.19）

丁提督勘电：已派“济远”“经远”二船夤夜添煤，明早开仁云。鸿。

176. 寄袁道

（光绪十九年三月二十九日辰刻　1893.5.19）

丁军门续电：奉电晤商张镇，随带官兵一百二十名，午前开云。鸿。

177. 寄译署并刘公岛丁提督

（光绪十九年五月十六日戌刻　1893.6.29）

伦敦电：英国“干巴丹”铁舰碰沉“维多利亚”兵船情形，顷闻该二船因列阵互换位次而相碰。“维多利亚”当受碰之时，提督即令将该船向浅水处行走，可期设法保护。惟船首登时沉没，提督见无可救药，因下令曰：诸位请各救一己之命，我身为提督，船存与存，船亡与亡，无可逭也等语。提督立在天台上寸步不移，未几，船即翻覆沉没。当其沉下之时，闻有大炸裂声两次云。鸿。

---

〔1〕袁道，指时任朝鲜通商事务总办袁世凯。

178.寄旅顺丁提督

（光绪十九年七月十四日午刻　1893.8.25）

暹法六月二十一和议成，二十三曼谷开港贸易。据新加坡黄总领事禀，坡商盼望兵船前往游历，鼓舞人心。今冬南下，似可带数船往新加坡巡历一次，有领事照应亦便。希酌夺复示。鸿。

179.寄译署并海署

（光绪二十年正月二十七日辰刻　1894.3.4）

丁提督电：统带铁快六船，于正月二十六日抵新嘉坡。鸿。

180.寄译署并海署

（光绪二十年二月初六日申刻　1894.3.12）

丁提督初五新嘉坡来电：明日起程，前赴麻六甲、槟榔屿等处，一礼拜后回新嘉坡云。鸿。

181.寄译署并海署

（光绪二十年二月十五日辰刻　1894.3.21）

丁提督本日电称：定于本月十八日由新嘉坡开船北旋。鸿。

182.寄译署

（光绪二十年四月初四日申刻　1894.5.8）

阅兵小站，接袁道电：韩全罗道泰仁县有东学党数千聚众煽乱，现派洪启薰带兵往捕，求调驻防仁川之“平远”兵船分载韩兵赴格浦海口登岸，聊助声势。袁并派武弁带丁役随往照料等语。已电海军提督照办。鸿。

183.寄译署

（光绪二十年五月初一日辰刻　1894.6.4）

袁世凯三十夜电：顷准韩政府文开，案照：敝邦全罗道所辖之泰仁、古阜等县，民习凶悍，性情险谲，素称难治。近月来附串东学教匪，聚众万馀人，攻陷县邑十数处，今又北窜，陷全州省治。前经遣练军前往剿抚，该匪竟敢拼死拒战，致练军败挫，失去炮械多件。似此凶顽久扰，殊为可虑，况距汉城仅四百数十里，如任其再为北窜，恐畿辅骚动，所损匪细。而敝邦新练各军，现数仅可护卫都会，且未经战阵，殊难用以殄除凶顽。倘滋蔓日久，其所以贻忧于中朝者实多。查壬午、甲申敝邦两次内乱，咸赖中朝兵士代为勘定。兹拟援案请烦贵总理迅即电恳北洋大臣，酌遣数队，速来代剿，并可使敝邦各兵将随习军务，为将来捍卫计。一俟悍匪挫殄，即请撤回，自不敢续请留防，致天兵久劳于外也。并请贵总理妥速筹助，以济急迫，至切盼待等语。鸿章已饬丁汝昌派海军“济远”“扬威”二舰赴仁川、汉城护商，并调直隶提督叶志超率同太原镇总兵聂士成，选派淮军练劲旅一千五百名，配齐军装，分坐招商轮船先后进发。一面电驻日本汪使知照日外部，以符前约。请代奏。鸿。

184.寄刘公岛丁军门

（光绪二十年五月十五日午刻　1894.6.18）

袁电：倭兵船在仁七只，华兵船本只“济”“平”“扬”“操”，而“扬”昨托故赴牙未回，“济”“平”又均赴牙，尚成何事？应请酌电丁，加添数只，壮我军胆云。应饬刘、林二镇，酌派一员，统带数船，速赴仁川，妥慎防护。鸿。

185.寄袁道

（光绪二十年五月十六日　1894.6.19）

丁提督即派林镇带“镇远”铁舰、“广西”“超勇”两快船赴仁。鸿。

186.复刘公岛丁军门

（光绪二十年五月廿二日戌刻 1894.6.25）

日虽添军，遥言四起，并未与我开衅，何必请战。林镇等胆怯张皇，应令静守，相机进止，岂可遽调回威示弱。现俄国出为调处，或渐近就范。传语在外各船并威海水陆各将勤操严防。鸿。

187.寄刘公岛丁军门

（光绪二十年五月廿六日午刻 1894.6.29）

关东电阻。顷忽接袁由海参崴、长崎急电：又添兵三千上岸，逼韩认非华属，否则失和，事甚急迫。又，闻日拟发鱼雷艇轰我兵船。林等是否移牙山口？望派快船往探，或与龚道商派大号雷艇速往巡护，事定即回。希妥酌。鸿。

188.寄刘公岛丁军门

（光绪二十年五月廿六日酉刻 1894.6.29）

日韩失和在即。仰蘧电告，日在英议买在东海大轮，并欲尽雇东方海面之轮运兵械，势将大举，我军应速预备。林镇廿三日电，仁港泊船，战守均不宜，拟以一二船驻仁探信，余船驻牙备战守。请速派雷艇三艘来牙，并派弁兵带水雷五十个、药线、电机，一切由商船速装来牙云。与尊电前所拟调度稍异。威防但令雷艇、炮船辅炮台太单，但牙防“镇”“济”等船，若有大雷艇防护，能否得力？路远是否能去？关东电仍未通，恐龚道尚未得信，殊焦急。望妥筹见示。鸿。

189.寄刘公岛丁军门

（光绪二十年五月廿六日亥刻　1894.6.29）

袁道廿四电：顷据仁川电称，风闻釜山现有倭兵二千，元山一千，随后将有鱼雷艇来仁云。鸿。

190.寄刘公岛丁军门

（光绪二十年五月廿七日卯刻　1894.6.30）

关东电仍未修通。速专船函商龚道，并商戴道，暂派小轮二只，在烟轮替接送要电，余事可缓，俟关电通即停止。鸿。

191.丁军门来电

（光绪二十年五月廿七日辰刻到　1894.6.3）

“平远”回韩，未接林镇来电，如何通电之处，请电袁道速告林，即报情形。汝昌叩。

192.丁军门来电

（光绪二十年五月廿七日辰刻到　1894.6.30）

顷接黄道来电：矿局下次实难送煤，仁、牙如何筹备？候示遵。汝昌叩。

193.丁军门来电

（光绪二十年五月廿七日辰刻到　1894.6.30）

林镇要艇雷，已分电张道、龚道，惟龚尚无复电。“镇”“济”等牢住牙山，纵备艇雷，万一失和，日必要截，音信、煤粮中阻，必被所困，兵分力单，两难济事。前请调“镇”“济”“丙”回防，奉谕恐示弱，故未敢渎请，只得照林议筹备。愚见，水陆添兵，必须大举，若零星调往，有损无益。现拟仍申前请，将三船调回，与在威各船齐作整备，候陆兵大队调齐，电到即率直往，并力拼战，决一雌雄。倘蒙允可，艇雷暂可留威。请示遵办。

194.复刘公岛丁军门

（光绪二十年五月廿七日辰刻　1894.6.30）

龚电须由关东，今阻断，如何能达，故嘱汝派船往送要信。林镇已移牙山口，袁电难通，更难达林，仍由汝派一船往牙，与之察商。如虑该处煤粮难济，亦可调“镇”“济”“丙”暂回整备，其留牙船如何巡探接济，亦须妥筹办理，前后兼顾也。鸿。

195.寄刘公岛丁提督并南洋台湾闽粤各督抚

（光绪二十年五月廿七日申刻　1894.6.30）

总署沁电；二十五日赫德来署言：接上海电，日有水雷船十二只预备出口，不知何往。此船甚利害，应电各海军预防。又，龚使电：台湾尤紧要等语。应由尊处函电南洋，闽粤并邵抚知照，不动声色，妥筹防范，以备不虞云。日以重兵逼令韩王认非我属，意甚叵测，希密筹防。鸿。

196.丁提督来电

（光绪二十年五月廿七日申刻到　1894.6.30）

沁电敬悉。遵派“康济”，明日开仁，带粮饷接应“超”“扬”“平”三船，令“超”“扬”驻牙，“平”“操”驻仁，两处常通音信。煤已运牙，三船上毕，余存岸，并饬林镇酌察。“镇”“济”“丙”“康”四船分队陆续出口，取齐后开回整备。再，除鱼雷六艇外，尚有数艇，请饬龚道配人操练备调。汝昌叩。

197.复丁提督

（光绪二十年五月廿七日酉刻　1894.6.30）

日外部告俄使，在韩之兵，如无他缘故，不先与华兵开仗。袁电：韩已不认华属，即行回国请兵。汝既派“康济”赴韩，应先往牙山，令林镇察看，如该处可稳扎，即将“平”“操”并扎牙，或再抽一船回，留三船与陆军联络，相机应变为要。鸿。

198.丁军门来电

（光绪二十年六月初二日未刻　1894.7.4）

初十内征船齐，整备周妥，拟请带“镇”“致”“靖”“经”“来”“济”“乙”“丙”八船，探巡汉江、外冰洋、大同江一带，五六日回威。可否请再电龚道，添派“福龙”“右一”来威，拟两随队，两留威。均候示遵。汝昌叩。

199.复丁提督

（光绪二十年六月初二日申刻　1894.7.4）

兵船时时要整备。汝拟初十内带八船操巡汉江、大同江一带，五六日即回，此不过摆架子耳。诸船驻仁、牙两旬，竟不敢分一船往大同。据袁道电，闻大同有日兵船常巡驻，确否？大同江是我将来进兵要口，既往巡，即须在彼妥酌布置，备护陆军。同去同回，有何益处？人皆谓我海军弱，汝自问不弱否？龚俟“镇海”由旅载弁兵赴沽驾练“福龙”，似难克日就绪，汝自与龚商办。鸿。

200.寄刘公岛丁军门

（光绪二十年六月十二日巳刻　1894.7.14）

平壤电局十一电禀：江口七十里名保山，无倭兵船。卑职该管东路二百三十里无倭兵。江中民船大小约共百余只云。鸿。

201.寄刘公岛丁提督

（光绪二十年六月十二日酉刻　1894.7.14）

汪使电：昨探未确，倭意俟韩善后定，乃能撤兵。内意拟将大举水师，应速筹布置，何船留防威海？何船派赴大沽，候护盛军赴大同江？汝自统何船，往冰洋、黄海游巡？“利运”装水雷、粮药，或另派商轮装煤，均随行。在船教习管轮洋人八名，及此外如愿上船，须预立合同，订明战时赏恤。至汝前请定赏罚章程，应照办。齐堂煤饬黄道觅购，不得速。雷艇用煤，可向龚道领取。一切议定，详细电复。鸿。以后来往要电，照新法减三字。

202.寄刘公岛丁提督

（光绪二十年六月十三日巳刻　1894.7.15）

叶军现居绝地可危，拟十六派商轮大小五只往牙，将全队下船，驶洋后绕赴大同江，移扎平壤。必须兵船五只护往，即留该兵船守江口，以便盛军续往。此为目前最要最急之事，望密派定，俟商轮过威同行。即复。鸿。

203.寄刘公岛丁提督

（光绪二十年六月十四日酉刻　1894.7.16）

叶提督元亥电：由船移平壤，是稳著，惟兵轮能保护，可恃渡洋，始无他虑。超军既上轮，用武无地，不敢担责云。商轮现已备齐，但汝必须统海军大队，在牙山海口护叶军出口，一路同行，送入大同江口，担保必无他虞，我与叶始敢放胆为之。若但以游弋护迎为词，致有意外疏失，定惟水师是问。即速核复，转电叶知照。鸿。

204.寄丁军门

（光绪二十年六月十七日巳刻　1894.7.19）

现定叶军不北移，为筹添队，约十九、二十、廿一、廿二各开一船，内“爱仁”“高升”“飞鲸”均租用，挂英旗。“镇东”局旗，不过威海洋面，无须兵船护行，应由汝酌派兵船数只，届期往牙山海口外游巡，须俟四船人马下清后，再巡洋而回。总署现与英使议两国撤兵之法，尚未决裂。鸿。

205.丁军门来电

（光绪二十年六月十八日巳刻到　1894.7.20）

筱电敬悉。已派方伯谦带同“济远”“广乙”“威远”二十早开赴牙，俟四商轮人马下清，留“威远”往来仁、牙，换“扬威”随队绕巡回威。再，威防水师要地刘公岛，护军二营，台多兵单，有事堪虞。可否准添募一二营，以资固守。汝昌叩。筱申。

206.寄译署并丁提督

（光绪二十年六月廿日辰刻　1894.7.22）

沪道效电：顷接长崎电，昨闻泊佐世保倭兵船十一艘出口，神户有兵千五百，候船赴韩云。鸿。

207.寄刘公岛丁军门

（光绪二十年六月廿日午刻　1894.7.22）

近日倭情屡变，其兵船十一艘不知何向。大鸟逼韩逐叶军，恐叶危困，添队难登岸。汝须统大队船往牙山一带海面巡护。如倭先开炮，我不得不应，祈相机酌办。“承平”如未开，即令装煤随往；已开，则令“利运”装煤随往。此时不急，守大同江口水雷似可勿带，希速复。威防应留船协守。“爱仁”昨晚已开。鸿。

208.丁提督来电

（光绪二十年六月廿日亥刻到　1894.7.22）

廿午电，顷敬悉。“济远”“广乙”“威远”今早已开。帅令大队赴牙，昌拟率“定”“镇”“致”“靖”“经”“超”“甲”“丙”九船，雷艇二艘，并“承平”同行。惟船少力单，彼先开炮，必致吃亏，昌惟有相机而行。倘倭船来势凶猛，即行痛击而已。威防无船可留，请帅饬“扬威”速回，与“平远”、四炮船、二雷艇聊辅炮台御守。牙山在汉江内口，无可游巡，大队到，彼倭必开仗，白日惟有力拼，倘夜间暗算，猝不及防，只听天意，希速训示。汤汽备便，候电即开。再，“康济”行驶太钝，本不济事，饬赴旅进坞，约十余日可竣。汝昌叩。廿酉。

209.复丁提督

（光绪二十年六月廿一日巳刻　1894.7.23）

廿电悉。牙山并不在汉江内口，汝地图未看明。大队到彼，倭未必即开仗，夜间若不酣睡，彼未必即能暗算，所谓“人有七分怕鬼”也。叶号电，尚能自固，暂用不著汝大队去。将来俄拟派兵船，届时或令汝随同观战，稍壮胆气。“扬威”可即调回。鸿。

210.北洋大臣来电四

（光绪二十年六月二十五日到电报档）

密。前派津队二千馀，雇英商轮三只，分运牙山接应叶军，因英轮挂英旗，当可进口；并派海军“济远”“广乙”两船往牙山迎护登岸。顷“济远”管驾方伯谦回报，二十一、二日，英轮“爱仁”“飞鲸”装兵抵牙，均陆续上岸。二十三辰，突有倭兵船多只，在牙口外拦截我兵船，彼先开炮聚攻，“济远”等接力拒敌，鏖战四点钟之久。“济远”中弹三四百个，多打在望台、烟筒、舵机、铁桅等处，致弁兵阵亡十三人，受伤二十七，并水线边穹甲上有钢甲处遮护，只一处中弹，机器未损；倭船伤亡亦多。午时我船整理炮台损处，倭船紧追，我连开后炮，中伤其望台、船头、船腰，彼即转舵逃去。但见“广乙”交战中敌两炮，船即歪侧，未知能保否。又运送军械之“操江”差船适抵牙口，被倭船击掉。英轮“高升”装兵续至，在近牙寸峻西南，亦被倭船击中三炮，遂停轮而沉等语。查华倭现未宣战，倭船大队遽来攻扑我巡护之船，彼先开炮，实违公法。我船甚单，赖“济远”钢甲尚坚，苦战支持，未至大损。“广乙”则闽厂所造铁皮小船，中炮即形歪侧，现尚未知下落。至“高升”系怡和船，租与我用，上挂英旗，倭敢无故击毁，英国必不答应。除接仗详细情形及伤亡弁兵查明再奏外，已饬海军提督丁汝昌统带铁快各船，驶赴朝鲜洋面，相机迎击。续再驰报。乞先代奏。鸿。有辰。

211.寄丁提督

（光绪二十年六月廿四日申刻　1894.7.26）

两电悉。汝即带九船开往汉江洋面游巡迎剿，惟须相机进退，能保全坚船为妥。仍盼速回。鸿。

212.丁提督来电

（光绪二十年六月廿八日午刻到　1894.7.30）

中堂钧鉴：前因匆促率队东去，未及详询“济远”情形。兹已分诘管带、员弁、水手，均称二十三四点，“济”“乙”由牙开，七点余遇敌，彼先开炮，三船聚攻“济远”，密如雨点，望台、炮架、三舵机均受伤，阵亡弁勇，初甚失势。“济”“乙”炮力不及敌远，还炮不却，迨敌以一船横截“广乙”，“济”只剩十五生一炮，猛击命中，敌二船始折回，而“吉野”督船尾后，连追不止。“济”停炮诈敌，彼驶近拟擒我船，“济”即猝发后炮，一弹飞其将台，二弹毁其船头，三弹中其船中，黑烟冒起，“吉野”乃移逃，四弹炮力已不及矣。查却敌保船，全恃此炮，水手李仕茂、王国成为功魁，余帮放送药送弹之人亦称奋勇。昌已传令为首李、王赏一千两，余众共一千两，告谕全军，以为鼓励。风闻提督阵亡，“吉野”伤重，途次已没。如果属实，查确后尚当照前定赏额划清补给，以昭信赏。“广乙”为敌隔断，弹雷力放。远难攻敌，迄今莫视，必被击沉。两船伤亡弁勇随再呈请核办。汝昌叩。感。

213.寄丁提督

（光绪二十年六月廿八日申刻 1894.7.30）

汪使宥电：倭又派十舰，各带雷艇，赴釜、元、牙游弋云。鸿。

214.复丁提督

（光绪二十年六月廿八日酉刻 1894.7.30）

“济远”接仗情形已悉。前已据方伯谦电禀，转电总署代奏。一炮如此得力，果各船大炮齐发，日虽有快船、快炮，其何能敌？汪使电称，日船在牙山受伤，未言提督亡、“吉野”沉。如无确实证据，岂能滥赏？或谓日快船有一二游驶北洋者，又有谓日兵近万装船在长崎待发者，固未必确然。即撤使绝交，威防尤应勤探严备，各船仍常留火，官弁夜晚住船，不准回家，卧薪尝胆，诸将士当时加申儆。叶军闻曾获胜，接济不通，水陆断绝，徒为闷急。鸿。

215.丁军门来电

（光绪二十年六月廿九日午刻到 1894.7.31）

威南口太敞。刘公岛至日岛尚无水雷。海军精锐，“济”去旅修补，惟恃六舰足战。倭行阴诡，暗夜或雾若以十余雷艇潜入，彼时台船大炮内击，转虞自伤。专恃在船小炮轰击，纵彼有伤沉，我船设有一挫，战更缺用。即通船竟夕瞭望，日备汤气，锅炉易蚀，猝尔解锚，亦不及避。拟令“定”“镇”“致”“靖”“经”“来”暂赴旅泊，深固放心，煤水亦便。昌在威照料留防各船。帅饬何日巡剿，一面饬昌，一面电龚，饬船前来，仍即亲带起行。现仍与张镇文宣于津、旅两处商凑水雷，并拟先制挡雷练、木桩及鱼网等件，备南口防艇之用，一经周妥，再禀饬六船回威。又派巡哨，无至快船报信，未及，彼或先至。若有能行廿余迈一艘，各船泊威亦可无虑。是否？乞示遵。汝昌叩。勘。

216.复丁提督

（光绪二十年六月廿九日未刻　1894.7.31）

正虑威海南口太敞，日多诡计，设黑夜以雷艇入袭，恐自扰乱。勘电拟令“定”“镇”“致”“靖”“经”“来”六船暂赴旅泊，汝在威照料，布置水雷及制挡雷练、木桩、鱼网等件，所筹甚是，应即照办。但嘱六船到旅后，晓夜仍须防备。德税司条陈，南口宜添制挡雷铁练、木桩，中系大船。已令罗道电商，可参酌妥办。大铁练旅坞尚多，可借用，余需费若干，核实开报。快船二十余迈者，前嘱仰蘧探购，无获。鸿。

217.寄刘公岛丁提督

（光绪二十年六月廿九日戌刻　1894.7.31）

顷德税司云，“重庆”船由沪来津，过成山头，见东边烟气迷漫，过庙岛西，又见一倭式大船在彼巡缉。“定”“镇”等船赴旅时，须在洋面游巡，探有倭船，即设法围击。鸿。

218.寄丁提督

（光绪二十年六月廿九日 1894.7.31）

总署艳电：据欧使云，倭船在韩无铁甲，仅快船数只来往仁川，闻中国兵船在威海不少，曾否以铁快等舰往击倭船等语。来电；丁提督寻倭船不遇，回威海。现拟如何调度？嗣后倭有来汉船只，似宜随时侦探截击。希电复，备上垂询云。望妥酌具复转奏。鸿。

219.寄译署并丁提督

（光绪二十年七月初一日午刻 1894.8.1）

前雇英商“北河”轮船往仁川密探，顷回烟台电称：该船于朔子刻到烟。仁川英领事致裴税司函，西历七月廿七八号，即六月廿五六日，叶军屡胜，倭死二千多人，叶兵死二百余人。叶军现离汉城八十余里，汉城倭兵皆往敌，只留守王宫之兵。请税司速电中堂，催北路速进兵等语。又，据“北河”船主面告裴税司云，已在仁川德兵船面见汉纳根，系逃在山上，先雇高丽渔船送信。德国兵船前往救回“高升”弁兵一百五十四名，现皆在的兵船等语。唐绍仪来信，已到英兵船云。已电催卫、马、左统将，相机速进兵接应。鸿。

220.寄刘公岛丁军门

（光绪二十年七月初一日午刻 1894.8.1）

叶军既获大胜，倭必添兵。总署催汝统铁快各船，往仁川附近，截击其运兵船，机不可失。南口可责令张文宣等布置。“定”“镇”等不必赴旅，即督同起碇前去，相机截击，如倭船前击我船办法，甚可仿照，速去速回，保全坚船为要。鸿。

221.译署来电

（光绪二十年七月初五日酉刻到 1894.8.5）

奉旨：李鸿章电奏已悉。袁世凯著毋庸来京，即驰赴平壤，办理抚辑事宜。余均照所请行。初三日电饬李鸿章察看丁汝昌有无畏葸纵寇情事，即日据实复奏。昨据该大臣复总理衙门电称，丁汝昌又带六船赴朝鲜洋面，尚未见接奉电旨复奏。丁汝昌前称，追倭船不遇，今又称带船巡洋，倘日久无功，安知不仍以未遇敌船为诿卸地步。近日，奏劾该提督怯懦规避、偷生纵寇者，几于异口同声。若众论属实，该大臣不行参办，则贻误军机。该大臣身当其咎矣！著接奉此旨后，即日据实电复，不得有片词粉饰。钦此。微未。

222.寄丁提督

（光绪二十年七月初六日巳刻 1894.8.6）

总署微电，奉旨：初三日电饬李鸿章察看丁汝昌有无畏葸纵寇情事，不得有片词粉饰等因。钦此。参折甚多，谕旨极严，汝当振刷精神，训励将士，放胆出力。如林泰曾前在仁川畏日遁走；方伯谦牙山之役敌炮开时躲入舱内，仅大二副在天桥上站立，请令开炮，尚迟不发，此间中西人传为笑谈，流言布满都下。汝一味颟顸袒庇，不加觉察，不肯纠参，祸将不测，吾为汝危之。鸿。

223.寄丁提督

（光绪二十年七月初六日午刻 1894.8.6）

总署歌电：叶军既挫，倭必专力于北路，至尤为要著云。闻叶军廿八失利，卫、马各军，初四抵平壤。仁川信告，倭派兵船赴大同江。汝此行何以不至大同江口？途间何以未遇倭船？岂真避敌而行？实不可解。已电饬卫等确探，如铁岛一带果有倭兵船驻扼，后患甚多。汝须预备带船前往击逐，仍留船驻扼，多设水雷为要。鸿。

224.寄刘公岛丁提督

（光绪二十年七月初七日午刻　1894.8.7）

顷见福来舍所开，猎船鱼雷带快炮八尊，未开价值，行廿八迈，极速，似小快船，倘不甚贵，可商订一只，包各件俱备。又，雷艇二只，每只约银十一万九千余两，连雷炮三、快炮四，约共价银若干？祈询明是否现成，抑系定制？包运来华，何时可到？共计马克若干？福来舍尚忠诚，当不朦弊，即令电询确细，具复核办。如真得力，何能惜费！鸿。

225.寄刘公岛丁提督

（光绪二十年七月初八日卯刻　1894.8.8）

虞电筹守大同江繁难，未尽稳妥。各口雷营均正防守，岂能遽挪？下雷小火轮岂能远行？留一二船协守，必蹈牙山口覆撤！卫、马各军本单，距口尚远，岂能分扎？汝为提督，于此等筹议，强人所难，不明大局。鄙意应统大队，由威径赴大同江口一带游巡，于口内外相机击逐倭轮及运兵船，并就近赴鸭绿江口巡查，俾倭船不敢肆行窜扰，再转回威。一月内必须往来两次，则我局势稍固矣。鸿。

226.复丁提督

（光绪二十年七月初八日申刻 1894.8.8）

总署传圣谕，催询汝在韩洋面何事。勿得以煤水将罄，多方推托，致干重咎。左宝贵平壤电：铁岛有倭船往来，但无确数。倭快船岂能遽入北洋？学生胆怯，汝亦随之。今“威远”、蚊船等偶一出巡旅顺、庙岛一带包管无事，违则参办不贷。鸿。

227.寄刘公岛丁提督

（光绪二十年七月初八日酉刻 1894.8.8）

兵船赴大同江，遇敌船势将接仗，无论胜负，不必再往鸭绿江口，恐日本大队船尾追入北洋，妥慎防之。鸿。

228.北洋大臣来电二

（光绪二十年七月初十日到电报档 1894.8.10）

密新。丁提督初九早统“定”“镇”“致”“靖”“经”“来”“平”“甲”“丙”“扬”共十船，赴大同江巡击，仅留“超勇”及三蚊船防威海。顷威防文武急电：倭兵船廿一只突於初十卯刻驶近威海南北口外纷扑，戴宗骞、张文宣、刘超佩等各督炮台将弁齐放大炮轰击，中伤不少，现尚相持。鸿电饬各统将视敌船相近，尽力轰打；并电大连湾、旅顺、山海关、大沽、北塘守将一体昼夜严防。倭乘我海军远出，欲捣虚投隙，已电平壤令丁速带全队回防，迎头痛剿。俟有战状，再续驰报。鸿。蒸巳。

229.寄刘公岛丁提督

（光绪二十年七月十二日未刻　1894.8.12）

成山头电，汝已带船回防。连日倭船廿余只并民船十余，乘虚往来威海、旅顺肆扰，各处告警，并有赴山海关、秦王岛截夺铁路之谣。此正海军将士拼命出头之日，务即跟踪，尽力剿洗，肃清洋面为要，不可偷懒畏葸干咎。鸿。

230.寄丁提督

（光绪二十年七月十三日午刻　1894.8.13）

总署电，奉十二日旨："丁汝昌所带兵舰，现在何处？若李鸿章严饬令速赴山海关一带，遇贼截击，若能毁其数船，亦足以赎前愆等因。"倭船是否远去，查明相机兜剿。少迟，须赴山海关、秦王岛、洋河口一带，测探水势深浅，详复核办。鸿。

231.北洋大臣来电二

（光绪二十年七月十三日到电报档　1894.8.13）

密。丁提督辰电："初十到大同江口，无倭船，寄泊樵岛，即令两艇进口探巡，至许岛，因晚屯雾。十一早复令广甲并两雷艇进探，至铁岛，答对遂开往冰洋、大小青岛游弋。未刻，到各岛巡视，均无倭船，仍回椒岛寄泊。两艇及广甲戌未回队，广甲因港道不熟，在狼岛儿寄锚。两艇直探至铁岛，晤韩佥使安国良，云无倭船在港，惟今年五月十九日来一兵船，名赤城，住一夜开去，六月二十又来一兵船，名大岛，当日出口。询陆军情况，均答不知。铁岛在平壤西南一百三十里，据蔡廷干查探，沿途至铁岛路险，内口港仄，水溜以后，铁岛碍难深入。十二早，大队西巡，将至海洋岛寄泊，未刻，金龙洋轮到，奉电谕，即开，今早六电到威海，令各船轮连夜赶添煤水，齐速开西行剿洗，以清洋面"云。查我海军回威，倭船即於昨日东去，显系避我船而行，已电饬丁提督先肃清渤海洋面，再北赴山海关一带巡防，必无他虞，堪以仰慰圣廑。请代奏。鸿。元未。

232.复丁提督

（光绪二十年七月十三日亥刻　1894.8.13）

威防绥巩护军，各添一营，兵力已不甚单，除守炮台外，分顾就近陆路汉口游击，当能应付。且此后海军大队必不远出，有警，则兵船应全出口迎剿。彼装兵船只岂能肆志横行？此禀徒张皇而近畏葸，未便准行。鸿。

233.寄丁提督

（光绪二十年七月十三日亥刻　1894.8.13）

总署电：日船假英旗事，英使允电水师提督严查，中国兵轮与各国轮船相遇先放空炮一节，英使以为不可。仍照章用旗传语为妥，乞酌办云。自应照办。鸿。

234.寄丁提督、戴道

（光绪二十年七月十三日亥刻　1894.8.13）

倭船究系何往？戴电：今早，大帮南行，见我船，即退向北。丁又云：明日向西剿洗。岂回威一日，并未探确敌踪，即谓向西剿洗，又空走一遭，徒令各处疑惧耶？须顾全局，以出探何时何处为宜，审酌定，即电知。鸿。

235.丁提督威海来电

（光绪二十年七月十四日申刻到　1894.8.14）

昨六点回威。令各船连夜赶添煤炭，到今早开时，查只“定”“镇”各装一百吨，“致”四十，“靖”十二，“经”“来”各五十，由商煤轮上；“平”“丙”各八十，“甲”廿，“扬”十二，两艇卅二，由码头上。系因码头拥挤，小工难雇，故所上无几。请准煤厂常雇小工一百名，平日预储，临时有用，可否？乞示遵。汝昌叩。

236.复丁提督

（光绪二十年七月十四日酉刻　1894.8.14）

煤上齐，想已开驶。沿途细查，如有日船，必须痛剿。到榆关、旅顺便电报。煤厂准雇小工百名，报明开支。奉旨令仰蘧定购阿摩士庄小快船一、智利现成快船二，均行二十余迈，包送来华。届时拟派洋员有胆识者管驾，弁勇须预筹调控。鸿。

237.丁军门由榆关来电

（光绪二十年七月十六日酉刻到　1894.8.16）

昨晚到。连夜派量两处水势，回称：秦皇岛西边一带浅沙，岛东至南礁石离岛二迈余，水深二三托不等；洋河口宽约二丈余，枯潮约尺余，满潮七尺余，离口二迈余，深四五托不等。如备防，以洋河口为是。今晚开大沽，因“图南”装军火，四“平”载煤要保护，由沽过旅，随带“济”“威”“康”“边”回威。汝昌叩。

238.寄旅顺交丁提督

（光绪二十年七月廿一日酉刻　1894.8.21）

总署电，本日奉旨：前据李鸿章电奏，倭船东去，海军各舰赴旅顺添煤，再赴烟台，沿途巡缉。今又数日，未据电奏。丁汝昌现往何处？倭船自东去后，有无消息，著即日电复。嗣后，海军各船巡至何口，即由该口电报。李鸿章将何时到口、何时起行、往何处转奏。再至别口亦然。不得数日无电，致劳廑系等因。已先电复，仍随时详电，以凭转奏。鸿。

239.寄旅顺丁提督

（光绪二十年七月廿二日辰刻　1894.8.22）

香港英人谓：北洋兵舰须聚泊海面，不宜入口，缘兵舰须处活地，相机攻敌。若日攻各口岸，兵舰从口外拦截，与炮台内外夹击，可断其归路。各兵舰须联络一气，声息相通，不可分散，散则势弧，聚则气壮。舰在口外，使敌船莫能测我趋向，声东击西，日防不胜防，乘其煤粮缺乏起而击之，无不胜云。颇有见。鸿。

240.军机处电寄丁汝昌谕旨

（光绪二十年七月二十三日电寄档　1894.8.23）

奉旨：倭船前在威海、旅顺等处施放空炮，旋即远飏，难保不乘我之懈，再来猛扑。威海、大连湾、烟台、旅顺等处，为北洋要隘、大沽门户，海军各舰应在此数处来往梭巡，严行扼守，不得远离，勿令一船阑入；倘有疏虞，定将丁汝昌从重治罪！又闻津郡倭奸最多，一经拿获，即应照例惩办，不准轻予开释，致堕诡谋。钦此。

241.上谕

（光绪二十年七月二十六日洋务档　1894.8.26）

光绪二十年七月二十六日内阁奉上谕：此次倭人背约肇衅，直隶提督叶志超在朝鲜牙山接仗，兵力过单，当经李鸿章派令丁汝昌前往接应。该提督辄以未遇倭船折回威海筹防，置叶志超一军于不顾，已属不知缓急，嗣復统带各船，巡历海口，观望迁延，毫无振作，若不加以惩处，何以肃军律而励士心？海军提督丁汝昌，著即行革职，仍责令戴罪自效，以赎前愆。倘再不知奋勉，定当按律严惩，决不宽贷。懔之！钦此。

242.军机处电寄李鸿章谕旨

（光绪二十年七月二十六日电寄档　1894.8.26）

奉旨：前因叶军接济难通，李鸿章屡商丁汝昌，欲用海军护运；乃丁汝昌以恐坠奸计为词，迄不照办，以致叶志超孤军无援，几遭覆没。当“高升”轮船被倭击沉之后，该提督不敢前往追剿，辄以寻船不遇，遽回威海；迁延观望，畏葸无能，殊堪痛恨！本日已明降谕旨，将丁汝昌革职，戴罪自效。所有海军提督一缺，关系紧要，著李鸿章於诸将中，悉心遴选，择堪以胜任者，酌保数员，候旨简放。钦此。

243.军机处电寄李鸿章谕旨

（光绪二十年七月二十七日　1894.8.27）

奉旨：现在倭船屡窥海口，海军防剿，统带亟须得人。丁汝昌畏葸无能，巧滑避敌，卿贰科道连章纠劾，异口同声。前据李鸿章电称，因叶军接济难通，屡商该提督用海军护运，辄以恐坠奸计为词，迄不照办。当“高升”轮船被击后，正倭船纵横无忌之时，乃丁汝昌报称统带各船，于廿五六日往返汉江口外，并无所遇，折回威海；其为捏饰，显而易见，按其先后迁延观望情形，参以众人公论，断难胜统带之任；若不早为更换，直待偾事之日，虽治以重罪，亦復何济于事？兹特严谕李鸿章，迅即于海军将领中遴选可胜统领之员，于日内覆奏。丁汝昌庸懦至此，万不可用，该督不得再以临敌易将及接替无人等词曲为回护，致误大局。懔之！钦此。

244.寄丁提督

（光绪二十年七月廿八日卯刻　1894.8.28）

龚道电：顷东沟委员电称，昨早卸米时，见有红色船二只，似雷艇，在口外巡视探望，恐系日船。各军饷械甚多，均须由此道转运，必得水师时常游弋三山、海洋、大鹿各岛一带，庶保无虞云。东沟转运饷械，只此一线海路，极关紧要，汝应酌带兵船速往梭巡，遇敌即击。威海仍留船协防，倘日船闻信西来，亦即迎头痛剿。朝廷责备甚严，勿稍玩忽。鸿。

245.北洋大臣来电

（光绪二十年七月二十八日到电报档　1894.8.28）

密新。旅顺龚照玙电：大东沟电称，“昨早卸运军装时，见有红色船二只，似倭雷艇，在口外巡探。”各军饷械甚多，均须由此道转运，关系紧要，请派海军游弋海洋岛、大鹿岛一带，庶保无虞，等语。查前奉漾电旨，威海、大连湾、旅顺等处为北洋门户，海军各舰应在此处梭巡，不得远离等因，惟由旅赴东沟，在金州岛外行走，至此一路，转运尚速。现北洋海面无事，即电饬丁汝昌带队前往。顷据覆称：明早统“定”“镇”“致”“靖”“经”“来”“济”“平”等船往海洋岛，由大鹿、三山各岛巡查，遇敌即击，如见倭船西来，迎头痛剿云。鸿。勘酉。

246.直隶总督李鸿章覆奏海军提督确难更易缘由折

（光绪二十年七月二十九日　1894.8.29）

窃臣于七月二十七日，准总理各国事务衙门电称，本日奉旨：“现在倭船屡窥海口，海军防剿，统带亟须得人。丁汝昌畏葸无能，巧滑避敌，难胜统带之任。严谕李鸿章于海军将领中遴选可胜统领之员，于日内覆奏，不得再以临敌易将及接替无人等词曲为回护，致误大局。”等因，钦此。伏读之下，惶悚莫名。北洋海军是臣专责；提督丁汝昌叠被弹劾，屡蒙谕旨垂询，当此军事紧急之时，果有迁延避敌情事，亟应随时严参，断不敢稍涉徇护。惟现在密筹彼此情势，海军战守得失，不得不求保船制敌之方，敬为我皇上详晰陈之。

查北洋海军可用者只“镇远”“定远”铁甲船二艘，为倭船所不及；然质重行缓，吃水过深，不能入海汊内港。次则“济远”“经远”“来远”三船，有水线甲、穹甲，而行驶不速；“致远”“靖远”二船，前定造时，号称一点钟十八海里，近因行用日久，仅十五六海里。此外各船，愈旧愈缓。海上交战，能否趋避，应以船行之迟速为准，速率快者，胜则易于追逐，败亦便于引避；若迟速悬殊，则利钝立判。西洋各大国讲求船政，以铁甲为主，必以极快船只为辅，胥是道也。详考各国判行海军册籍，内载日本新旧快船推为可用者共二十一艘，中有九艘自光绪十五年后分年购造，最快者每点钟行二十三海里，次亦二十海里上下。我船订购在先，当时西人船机之学尚未精造至此，仅每点钟行十五至十八海里，已为极速，今则至二十馀海里矣。今年部议停购船械，自光绪十四年后，我军未增一船。丁汝昌及各将领屡求添购新式快船，臣仰体时艰款绌，未敢奏咨渎请，臣当躬任其咎。倭人心计譎深，乘我力难添购之际，逐年增益。臣前于预筹战备摺内奏称，“海上交锋，恐非胜算”，即因快船不敌而言。倘与驰逐大洋，胜负实未可知；万一挫失，即赶紧设法添购，亦不济急。惟不必定与拼击，但令游弋渤海内外，作猛虎在山之势，倭尚畏我铁舰，不敢轻与争锋。不特北洋门户恃以无虞，窃且威海、仁川一水相望，令彼时有防我海军东渡袭其陆兵后路之虑，则倭船不敢全离仁川来犯中国各口。彼之防护仁川各海口，与我之防护北洋各口，情事相同。观于前次我海军大队游巡大同江口，彼即乘虚来窥威海、旅顺；迨我海军回防，则倭船即日引去，敌情大概可知。伏读叠次电旨，令海军严防旅顺、威海，勿令阑入一步；又令在威海、大连湾、烟台、旅顺各处梭巡扼守，不得远离等因。圣明指示，洞烛机宜，至今恪遵办理，北洋门户庶无鼠窜之虞。盖今日海军力量，以之攻人则不足，以之自守尚有馀。用兵之道，贵于知己知彼，舍短用长，此臣所为兢兢焉以保船制敌为要，不敢轻于一掷以求谅于局外者也。

至谕海军功罪，应以各口能否防护有无疏失为断，似不应以不量力而轻进转相苛责。丁汝昌从前剿办粤捻，曾经大敌，迭著战功。留直后，即令统带水师，屡至西洋，藉资阅历。创办海军，特蒙简授提督，情形熟悉，目前海军将才，尚无出其右者。各将领中，如刘步蟾、林泰曾等，阶资较崇，惟系学生出身，西法尚能讲求，平日操练是其所长，而未经战阵，难遽胜统率全军之任。且全队并出，功罪相同，若提督以罪去官，而总兵以无功超擢，亦无以服众心。若另调他省水师人员，于海军机轮理法全未娴习，情形又生，更虑偾事贻误，臣所不敢出也。自来用兵，谤书盈箧，而卒能收功者，比比皆是。伏恳圣明体察行间情事，主持定断。臣不胜迫切悚惧之至。

247.军机处寄北洋大臣李鸿章上谕

（光绪二十年八月初一日洋务档　1894.8.30）

军机大臣字寄北洋大臣李：

光绪二十年八月初一日奉上谕：前因海军统将亟须得人，丁汝昌畏葸无能，屡被参劾，谕令李鸿章遴员接替。咨据李鸿章奏称：自今年部议停购船械，十四年后，我军未增一船；各船行用日久，愈旧愈缓，前曾奏明，海上交锋，恐非胜算。今日海军力量攻人不足，自守有馀，应遵旨严防威旅门户，为保船制敌之计，不敢轻于一掷。丁汝昌前剿粤捻，叠著战功，创办海军情形熟悉，目前海军将才，尚无出其右者。总兵刘步蟾、林泰曾未经战阵，难胜统率之任；若另调他省水师人员，更虑偾事贻误。恳请主持定断等语。朝廷赏功罚罪，一秉大公，丁汝昌统帅全军战舰，未能奋勉图功，以致众口交腾；当此军情紧急之时，不得不严行查究，免致贻害将来。既据该大臣密筹海军彼此情势，战守得失，详晰覆奏，自系实在情形。丁汝昌暂免处分，著李鸿章严切诫饬，嗣后务须仰体朝廷曲予保全之意，振刷精神，尽心防剿；倘遇敌船猝至，有畏缩退避情事，定按军法从事，决不姑宽。威海、旅顺为北洋门户，必须加意严防，勿得稍有疏失。此次大东沟侦见红色船，既经远去，该提督仍应驰回威、旅一带梭巡固守，并随时勤加侦探，相机迎击，以期力挫敌锋，藉观后效。钦此。遵旨寄信前来。

248.丁汝昌旅顺冬电

（光绪二十年八月初二日　1894.9.1）

二十九日自威开，晚过海洋岛北寄泊。询岛民并各船户，均云未见倭船艇。次日，开赴大鹿岛泊巡，见陆军由旅运军火民船三只，由沽运米船两只。初一开，由光禄各岛一路探询至三山岛，亦未见。晦泊大连湾，今早开旅外泊，明早回威。又，到湾后，接烟台探事西员电，闻旅北有两倭船，今早已派“致远”“经远”并“左一”雷艇前去探询。俟回再报云。初二日酉刻。

249.寄威海丁提督

（光绪二十年八月初三日酉刻　1894.9.2）

仰蘧订购阿摩士庄新造快轮，价五万二千五百镑，议明借旗包进威旅，雇用船中各项五十四人皆水师出身。该船须绕大洋行五十日，煤、食及保险、借旗谢费全包，共三万二千镑。奉旨照准画押，二十日内即开行，约计十月中旬如平稳到威，届时预备验收，或于所雇英人中酌留管驾、大二副、管轮数人，余悉遣回。鸿。

250.寄刘公岛丁提督

（光绪二十年八月初三日亥刻　1894.9.2）

总署电：初二南洋电云：据闻时有倭船在中国洋面往来，间或闯进各口，迹近窥探，亦难免偷运粮食，偶遇中国巡轮，竟不知为倭船，并不过问，应请电饬各口，严密查拿，以杜奸宄等语。因来电系传闻之词，未便据以进呈，特照录前电奉闻，希密查速复云。查南洋轮船，并无巡海之事，所称“竟不知为倭船，并不过问”，自指北洋海军而言，是否“并不过问”，有则改之，无则加勉。吴清帅已由清江起旱，未知尚赴威督船进剿否。鸿。

251.寄刘公岛丁提督

（光绪二十年八月初四日巳刻　1894.9.3）

前龚使订购阿摩士庄鱼雷快船，据称，长二百八尺，宽廿三尺，载三百六十吨，每钟行廿迈，三寸七五口径廿五磅子快炮二尊，一寸八五口径三磅子哈乞开思炮四尊，鱼雷筒五个，船内应用各件全。惟怀德鱼雷须另配，议定价五万二千五百镑。鸿。

252.寄刘公岛丁提督

（光绪二十年八月初七日酉刻　1894.9.6）

本日奉旨：李鸿章议购鱼雷猎船，据清单内开，行程颇速，价亦合宜。著即于汇丰现存之二十万镑内购买四只。其每点钟能行二十八迈之说，究竟能如所言否？应如何试行验看？购船系由何人经手？是否即在德国购定？现在各国禁船出口，运送有无阻滞？均著李鸿章详细筹画，迅即电复。钦此。前呈福来舍所开猎船，咨海署筹办，钦奉前因，望与福来舍切实逐层妥议具复，勿得稍有含糊。二十万镑约合银百四十万，能订购猎船几只，并议明。鸿。

253.寄刘公岛丁提督

（光绪二十年八月初九日卯刻　1894.9.8）

查，英水师提督派兵船往探，倭船聚泊朝鲜全罗道南岸康津之天冠山地方，前有海岛，或名莞岛，或名鹿岛，西口较宽，东口较狭，均密布水雷云。鸿。

254.寄刘公岛丁提督

（光绪二十年八月初九日午刻　1894.9.8）

“经”“来”船尾需换十二生快炮，沪局前解四尊并子药，可提回速设。张、刘需炮，或用戴道处存沪局一百八十磅四尊，或借用营口十五生、十二生各二尊均可。即与张文宣商妥，并告戴道、刘镇照办。即复。鸿。

255. 丁汝昌文电

（光绪二十年八月十三日 1894.9.12）

明晚率大队赴旅，与龚照玙议配“经远”“来远”后炮等事。十五赴大连湾，候护铭军运船齐行。兵船大队停大鹿岛、大东沟居中处，备抵外窥，分饬炮船、雷艇随入，驻护兵船。大队应驶巡大同江、青岛距成山中路处，兼顾门户，亦足遥顾运船。游巡一二日，仍回原处，候陆队下岸，再带同船艇等回威云。十三日巳刻。

256. 寄大连湾交海军提督丁

（光绪二十年八月十六日亥刻 1894.9.15）

龚道十五电：“金龙”午前探水回旅，该船主称：大同江内，并未见倭人形迹，铁岛上亦未见倭人扎营，江西之海港枯潮水深仅六七尺，不能泊大船且险云。是大同江内外，尚无倭船，汝护送运船前去，勿太疑虑，俟铭军起岸，仍回威、旅，再护送运船一二次。平壤被围，安州吃紧，后路仍必须再添兵，以顾大局，免深入东省为要。鸿。

257.寄译署

（光绪二十年八月十九日申刻　1894.9.18）

丁汝昌旅顺效巳电：昨日在大东沟外，十二点与日船开仗，五点半停战。我军“致远”沉，“经远”火，或“超勇”或“扬威”一火一驶山边，烟雾中望不分明。刻督“定远”“镇远”“靖远”“来远”“平远”“广甲”“广丙”“镇中”“镇南”并两雷艇回旅，尚有两艇未回，“济远”亦回旅。当战时，我军先十船，因“平”“丙”“中”“南”四船在港护运，未赶上，后该船均到助战。日军十一船，各员均见击沉彼三船。日船快，炮亦快，且多，对阵时，彼或夹攻，或围绕，其失火被沉者，皆由敌炮轰毁。我军各船伤亡并各船受伤轻重速查再电禀云。鸿查此战甚恶，饬将各船被击伤损处赶紧入坞修理，并防日船深入。未回者设法寻觅。请代奏。

258.寄旅顺丁提督

（光绪二十年八月十九日申刻　1894.9.18）

接电，此战甚恶，何以方伯谦先回？各船损伤处，赶紧入坞修理，防日船复扰。北洋运兵船，在东沟恐日往拿，如“高升”故事，深为危虑。“左一”应暂留护，但不足御大敌，伤亡弁兵若干？并念。鸿。

259.军机处电寄李鸿章谕旨

（光绪二十年八月二十日电寄档　1894.9.19）

奉旨：李鸿章十九日电奏均悉。海军各舰在大东沟洋面与倭船接仗，击沉彼船三艘，我军沉毁四艘，彼船以伤重退去，我军十一舰经丁汝昌带回旅坞修理。著李鸿章查明伤亡士卒，请旨优恤，一面饬丁汝昌将各舰赶紧修复，以备再战。倭船数多于我，并图深入内犯，此时威旅门户及沿边山海关各口十分吃紧，应饬分防驻守兵弁昼夜詗察，严密防范，毋令一船近岸。山海关各口后路，及畿辅一带，应如何增兵驻守之处，并著李鸿章悉心筹划，严密布置，毋稍疏虞；并将筹备情形，即行覆奏。平壤自电线断后，军情隔绝。倭兵渐集后路，图窜奉疆。铭军现已登岸，著即暂驻义州，与安州聂士成、定州吕本元先行通信，共筹防剿。宋庆一军昨饬进驻义州，今军情又变，著暂缓赴义，先带所部在九连城驻扎，与铭军声息相通，以固沿江一带防守。叶志超等军究竟如何进止，如能回剿顺安、肃州踞匪，便可与后路通气。著设法查探具奏。钦此。

260.寄译署

（光绪二十年八月廿一日戌刻　1894.9.20）

提督丁汝昌电称：十八日与日接仗，昌上望台督战，为日船排炮将“定远”望台打坏，昌左脚夹于铁木之中，身不能动，随被炮火将衣焚烧，虽为水手将衣撕去，而右边头面以及颈项皆被烧伤。彼时虽为人抬，上下不觉过重，现在头脚皆肿，两耳流血水，两眼不能睁开，日流黄水，脚日见肿，皮肉发黑，疼痛异常，言语稍多，心即摇摆不宁，无能自主。请于两镇中饬一人暂行代理，昌伤稍愈再行办事等语。查丁提督受伤后，伤发肿痛难支，自系实情。海军右翼总兵刘步蟾，经此战阵，稍有阅历，可否准令暂行代理全军事务，俟提督伤愈再照常办事。候旨遵行。请转奏。鸿。

261.寄旅顺丁提督

（光绪二十年八月廿三日巳刻　1894.9.22）

总署电，二十二奉旨：丁汝昌现患伤病，海军提督著刘步辖暂行代理。丁汝昌赶紧调治，一俟稍痊，仍行接统。钦此。希转告刘镇，妥慎代理，催船坞速修“定”“镇”，余以次修理，勿得贻误军情。鸿。

262.寄译署

（光绪二十年八月廿三日酉刻　1894.9.22）

前饬丁汝昌查明海军接仗详细情形，顷据电称：十八与日开战，尔时炮烟迷漫，各船难以分清。现逐细查明，当酣战时，自“致远”冲锋击沉后，“济远”管带方伯谦首先逃回，各船观望星散，日船分队追赶“济远”不及，折回将“经远”拦截击沉，余船复回归队。“超勇”舱内被敌炮击入火起，驶至浅处焚没。查战时“定远”“镇远”舱内亦为敌弹炸烧，一面救火，一面抵敌，皆无失事。“超”“扬”若不驶至浅处，火即可救。“经远”同“致远”一样奋勇摧敌，闻自该管带等中炮阵亡，船方离队，如仍紧随不散，火亦可救。“广甲”管带吴敬荣随“济远”逃至三山岛东阁礁，连日派船往拖，难以出险，现用驳船先取炮位，再不浮起，只得用药轰毁。窃自日寇起衅以来，昌屡次传令，谆谆告诫，谓日人船炮皆快，我军必须整队攻击，万不可离，免被敌人所算。此次，“来远”“靖远”如不归队，“定”“镇”亦难保全。乃“济远”首先退避，将队伍牵乱，“广甲”随逃。若不严行参办，将来无以警效尤而期振作。余船请暂免参。“定远”“镇远”异常苦战，自昌受伤后，刘镇步蟾尤为出力。所有员弁兵勇及各船阵亡受伤者，容查明禀请奏加奖恤，先此电禀等语。查，十九丑刻，“济远”先回旅，该管带方伯谦即先逃走，实属临阵退缩，应请旨将该副将即行正法，以肃军纪。“广甲”管带澄海营守备吴敬荣，亦随“济远”逃，至中途搁礁，咎有应得，惟人尚明白可造，可否革职留营，以观后效。乞代奏。鸿。

263.寄旅顺丁提督

（光绪二十年八月廿三日亥刻　1894.9.22）

“济远”管驾方伯谦应速撤任，派人看管，候奏参。昨有旨，令升擢林国祥。外国众论，咸称其勇敢出众，应即派充“济远”管驾，令其认真整顿。专文具报。鸿。

264.寄旅顺丁提督、龚道[1]

（光绪二十年八月廿四日午刻　1894.9.23）

各船除“定”“镇”赶修外，其余受伤轻者，尚能出口外傍岸游弈否？约有几只，速电知。威海报，今早有日船二，在北口外四十里，未知何向？知我船伤不能出，故示威风，抑随后再有大队？禹亭须设法预备支持，即不能远出，须傍口外游巡，使彼知我非束手也。鸿。

265.寄丁提督、刘镇[2]

（光绪二十年八月廿四日戌刻　1894.9.23）

总署电，本日奉旨：李鸿章电奏，查明海军接仗详细情形，本月十八日开战时，自“致远”冲锋击沉后，“济远”管带副将方伯谦首先逃走，致将船伍牵乱，实属临阵退缩，著即行正法。“广甲”管带守备吴敬荣，随“济远”退至中途搁礁，著革职留营，以观后效。钦此。希即钦遵，将方伯谦即行正法具报。余照行。鸿。

---

〔1〕龚道，指时任旅顺船坞工程总办龚照玙。

〔2〕刘镇，指时任北洋海军右翼总兵刘步蟾。

266.复丁军门

（光绪二十年八月廿五日辰刻　1894.9.24）

林国祥即令代理“济远”。可于呈复文内声叙“广乙”战状，应革留各节。鸿。

267.寄旅顺丁提督并龚道

（光绪二十年八月廿五日巳刻　1894.9.24）

敬电悉。“平远”“广丙”“济远”“靖远”四船，务于十日内修好，在威、旅附近游巡。不然，日知我无船，随意派数船深入，到处窥伺，若再护运兵船长驱直入，大局遂不可问，切勿迟误。四镇炮船无伤，应令同两大雷艇在口外附近巡探，略壮声势，未便置之不同。鸿。

268.复旅顺丁提督并龚道

（光绪二十年八月廿八日未刻　1894.9.27）

电悉。“济”“靖”“平”“丙”四船，何日修好，即报闻。信息日紧，即不能制敌，亦可在口外近边游弋，使彼知我非束手待毙。旨催修甚急，切勿任员匠疲玩。智利快舰，初尚议价居奇，后竟回绝，守局外例，或日嗾之。禹亭伤少愈否。“定”“镇”请奖数员，已电署代奏。龚应催各营赶紧操练，日必欲逞志于金、复二岛，只求于近处堵御，勿令深入坞边为要。鸿。

269. 寄旅顺丁提督并刘镇

（光绪二十年八月廿九日辰刻　1894.9.28）

禹亭伤痕渐愈。前虽据情奏令刘镇代理，不过代拆代行之式，旨令伤愈仍行接统。有此恶战，中外咸知。前此谤议顿消，望仍勉力视事，督催修理各船早竣，以后专在北洋各要口巡击，倭犹有忌惮也。鸿。

270. 寄旅顺丁提督

（光绪二十年八月廿九日申刻　1894.9.28）

总署电，二十九日奉旨：前在牙山海面，“广乙”管带林国祥以孤船当劲敌，战阵奋勇，力竭船沉，著暂行革职，委署“济远”管带，以观后效。东沟之战，日船伤重，“镇远”“定远”将士苦战出力，著李鸿章酌保数员，以作士气。钦此。希即钦遵办理。鸿。

271. 寄丁提督

（光绪二十年八月廿九日申刻　1894.9.28）

总署电：“广乙”管带林国祥是何官职？希即复云。望查复。鸿。

272.寄旅顺黄、张、姜、程各统将并丁提督[1]

（光绪二十年九月初一日巳刻　1894.9.29）

各国探报均称，日派大队分路北犯，尤注意金州各岛左右，欲窜旅后路，毁我船坞，实在意中，各炮台须昼夜分班瞭望严守。宋帅前所布置长墙土炮台，令姜、程分队设守，一面督新勇勤操枪炮手法准线，以备急用。目下无队可添，惟赖诸将同心努力，支拄艰难。师船速修，择其可用者，常派出口外，靠山巡查，略张声势。雷艇应往小平岛及附近旅口各处梭巡，切勿违误。鸿。

273.复丁提督

（光绪二十年九月初一日酉刻　1894.9.29）

东电悉。拦海口，工本浩大，先行局立案，将来能不浮于四万之数，尤为撙节，希饬核实查报。鸿。

274.寄旅顺丁军门、龚道、九连城交刘镇等电

（光绪二十年九月初一日亥刻　1894.9.29）

总署电，本日奉旨：昨据赫德接沪关密电，倭兵三队来华，头队指黄

〔1〕黄、张、姜、程，指此时驻防旅顺的陆军将领黄仕林、张光前、姜桂题、程允和。

海等语。当经总署电知该大臣严防。倭船连日无动静。昨威海见船两只，东沟见船九只，测量探水，旋即驶去，难保非头队所遣前来探信。威、旅及内海各口防务，十分紧急，海军修补之船，须赶紧准备护口迎敌。备口扼守台岸之员，尤须联络声势，昼夜加紧严防，迎头截击，毋令一船近岸。其东沟口岸，即饬聂桂林、丰升阿督率所部，并知黑、铭、盛、毅各军合力防御。毋稍疏忽。钦此。鸿。

275.寄旅顺丁提督、龚道

（光绪二十年九月初四日午刻　1894.10.2）

闻禹廷伤病未痊愈，甚念。汉纳根、马船主及管轮洋人皆谓，“定”“镇”择要修理，如炮台等，其木板舱房各件可缓，则数日便能出海。此二船暂往来威、旅间，日运兵船必不敢深入，关系北洋全局甚大。日决意以兵船护运陆兵二万，或旅顺左右各岛，或山海关一带，上岸滋扰。若刘步蟾等借修理为宕缓，误我大计，定行严参。禹廷虽病，当认真督催，勿为若辈把持摇惑。鸿。

276.寄旅顺丁提督、龚道

（光绪二十年九月初六日巳刻　1894.10.4）

歌电悉。东边电：日兵马步昨已至义州。英兵船由大同江回，谓日有运船二十六只，装满陆兵，待信即发。是其分路内犯，确有明征，不日直奉必有大警。“定”“镇”“靖”“济”“平”“丙”六船，必须漏夜修竣，早日出海游弋，使彼知我船尚能行驶，其运兵船不敢放胆横行，不必与彼寻战，彼亦虑我蹑其后。现船全数伏匿，将欲何为？用兵虚虚实实，汝等当善体此意。“平远”炸弹及钢底、钢圈，均须由西洋购运。“广丙”炸弹电询粤东有无存储，未复。各项开花子，督催日夜加工赶造。若海路曲梗难运，尤为焦急。马船主愿带头号雷艇往探，到旅可商办。鸿。

277. 直隶总督李鸿章奏请优恤大东沟海军阵亡各员弁折

（光绪二十年九月初七日　1894.10.5）

……据海军提督丁汝昌呈称：

海军各兵舰奉调护送招商局轮船装运总兵刘盛休铭军八营陆兵赴大东沟登岸，于八月十七日丑刻由大连湾开行，午后抵大东沟，即派“镇中”“镇南”两船、鱼雷艇四艘护送入口，“平远”“广丙”两船在口外下碇，“定远”“镇远”“致远”“靖远”“经远”“来远”“济远”“广甲”“超勇”“扬威”十船距口外十二海里下碇。

十八日午初，遥见西南有烟东来，知是倭船，即令十船起碇迎击。我军以夹缝雁行阵向前急驶，倭人以十二舰鱼贯猛扑。相距渐近，我军开炮轰击。敌队忽分忽合，船快炮快，子弹纷集。我军整队迎敌，“左一”雷艇亦到，各船循环攻击，坚忍相持。至未正二刻，“平远”“广丙”二船、“福龙”雷艇续至。“定远”猛发右炮攻倭大队，各船又发左炮攻倭尾队三船，中其“扶桑”舰，三船即时离开，旋即回队，围绕我军，夹击包抄，开花子弹如雨，一排所发，即有百馀子之多。各船均以船头抵御，冀以大炮得力。敌忽以鱼雷快船直攻“定远”，尚未驶到，“致远”开足轮机，驶出

“定远”之前，即将来船攻沉。倭船以鱼雷轰击，“致远”旋亦沉没，管带邓世昌、大副陈金揆同时落水。“经远”先随“致远”，管带林永升奋勇督战，突中敌弹，脑裂阵亡。“济远”先被敌船截在阵外，及见“致远”沉没，首先驶逃；“广甲”继退。“经远”因管带既亡，船又失火，亦同退驶。倭始以四船尾追“济远”“广甲”，因相距过远折回，乃聚围“经远”，先以鱼雷，继以丛弹，拒战良久，遂被击沉。“超勇”舱内中弹火起，旋即焚没；“扬威”舱内亦被弹炸，又为“济远”当腰触裂，驶至浅水而沉；该两船管带黄建勋、林履中随船焚溺同殒。“来远”“靖远”苦战多时，“来远”舱内中弹过多，延烧房舱数十间，“靖远”水线为弹所伤，进水甚多，均即暂驶离队，扑救修补。“平远”“广丙”及“福龙”雷艇尾追倭装兵船，为敌所断，未及归队。此时仅馀“定”“镇”两舰与倭各舰相搏，历一时许，巨炮均经受伤。“定远”只有三炮，“镇远”只有两炮，尚能施放。丁汝昌督同各将弁誓死抵御，不稍退避，敌弹霰集，每船致伤千馀处，火焚数次，一面救火，一面抵敌。丁汝昌旋受重伤，总兵刘步蟾代为督战，指挥进退，时刻变换，敌炮不能取准；又发炮伤其“松岛”督船，并合击伤其左侧一船，白烟冒起数丈。“靖远”“来远”修竣归队，“平远”“广丙”、鱼雷各艇亦俱折回。倭船多受重伤，復见诸船并集，当即向西南一带飞驶遁去。我军尾追数里，敌船行驶极速，瞬息已远；然后收队，驶回旅顺。“济远”一船已先回旅，“广甲”一船在三山岛搁礁，拖救不起；该两船管带方伯谦、吴敬荣业经电请分别从严参办。所有“致远”“经远”“超勇”“扬威”四船管带邓世昌等力战阵亡，应从优议恤。

请奏前来。臣查大东沟一战，我以十船当倭十二舰。倭舰虽不及“定”“镇”两铁舰之精坚，而船快炮快，实倍于我。我军奋力迎击，血战逾三时之久，为地球各国海战向来罕有之事。各将士效死用命，愈战愈奋，始终不懈，实属勇敢可嘉。此次据中外各将弁目击，攻沉倭船三艘，而采诸各国传闻，则被伤后沉没者尚不止此数；内有一船系装马步兵千馀，将由大孤山登岸，袭我陆军后路，竟令全军俱覆。而我运送铭军八营，驶抵口内，得以乘间陆续起岸，不至被其截夺，关系大局匪细，实赖海战保全之功。若非“济远”“广甲”相继遁逃，牵乱船队，必可大获全胜。犹幸“致远”“经远”冲锋于先，“定远”“镇远”苦战于后，故能以寡敌众，转败为功，此则方伯谦之罪固不容诛，而邓世昌、刘步蟾等之功亦不可没者也。提督丁汝昌统率全军，身当前敌，受创后犹復舆疾往来，未尝稍休，激励将士，同心效命。当世交战情形，叠经臣电致总理各国事务衙门，先后奏闻在案。

八月二十日，钦奉电旨：东沟之战，倭船伤重，“镇远”“定远”各将士苦战出力，著李鸿章酌保数员，以作士气等因，钦此。当经恭录转行，钦遵查照外，容俟查明，核实奏保。其力战阵亡之管带、大副等，自应先行奏请恩恤，以慰忠魂。“致远”管带提督衔记名总兵借补中军中营副将噶尔萨巴图鲁邓世昌、“经远”管带升用总兵左翼左营副将穆钦巴图鲁林永升、“致远”大副升用游击中军中营都司陈金揆，争先猛进，死事最烈，拟请旨将邓世昌、林永升照提督例、陈金揆照总兵例，交部从优议恤。邓世昌首先冲阵，攻毁敌船，被溺后遇救出水，自以阖船俱没，义不独生，仍復奋掷自沉，忠勇性成，一时称叹，殊功奇烈，尤与寻常死事不同；且官阶较崇，可否特旨予谥，以示优异而劝将来，出自逾格恩施，非臣所敢擅拟。“超勇”管带副将衔左翼左营参将黄建勋、“扬威”管带副将衔右翼右营参将林履中，力战捐躯，同堪悯恻，拟请旨各照原官升衔交部从优议恤。其馀阵亡伤亡员弁，应俟查明奏请，分别照章恤赏。……

278.寄旅顺丁提督、龚道

（光绪二十年九月初八日辰刻　1894.10.6）

总署虞电，本日奉旨：海军受伤各船，至致干咎戾。钦此。哈卜们数日内伤愈即回。汉纳根督催开花子加工，实难多解。鄙意出海可相机趋避，遥为牵制，彼运兵多船，稍有顾忌，当不敢深入也。鸿。

279.寄大连湾、威海等各统领

（光绪二十年九月初九日戌刻　1894.10.7）

总署电，奉旨：本日李鸿章电奏已悉。倭贼惯用狡谋，刻下以多船窥伺威海一带，聚散靡定，难保非声东击西，日内以大队乘隙猛扑。即著李鸿章严饬守口台讯各军，昼夜严防，多备水雷，并陆续运送子药、炮弹，勿致缺乏。遇有敌船驶近口岸。即迎头痛击，不准稍有疏虞。钦此。鸿。

280.寄大连湾赵统领[1]、旅顺龚道、丁提督

（光绪二十年九月十一日申刻　1894.10.9）

龚星使燕电：倭计登大连湾岸夹攻，英法水师电语相同，望严防云。怀营新勇本单，急切无重兵可添，深为焦系，须就现营设法布置。旅、湾

〔1〕赵统领，指此时大连湾炮台守将赵怀业。

相为犄角，有警时，互相援应为盼。水师六船，何日出巡？须往来旅、湾之间，俾彼大队运船稍有牵制。马船主愿带头号雷艇出探，应听其自择一艇，弁兵均归节制。德税司云，荐去洋员可用上船。相与议订台同、呈复。鸿。

281.寄江海关刘道[1]

（光绪二十年九月十一日申刻　1894.10.9）

丁军门电：前奉准订购上海义昌松白煤二千吨，将次到齐，并机器厂多购备用钢铁等件，约过五万两。请由江海关拨库平四万两交义昌，余俟各项发票到齐，造册报销找领云。望拨四万交义昌，即行局作收放。鸿。

282.寄旅顺丁提督

（光绪二十年九月十五日辰刻　1894.10.13）

订期出海，力疾上船，慰甚。“定”“镇”锚机，应饬坞赶制，随时赴换；钢底、钢圈及东局不能造之弹子，须俟外洋运到。近日尚无日船内驶，我海军出巡威、湾、旅一带，彼或稍有避忌，勿先自馁。据德税司称，汉纳根为人信服，惟以船上无用弁兵甚多，极为难处，非奏派汉以提督衔任海军副提督、赏穿黄马褂，不肯再上船。大鹿岛之战，虽赖汉出力，特旨已赏二等第一宝星，未便再奏。昨俄使述英水师提督派船往日坞察验，日

〔1〕刘道，江海关道刘麒祥。

仅受重伤，三船并未沉船，德则夸张汉功，并谓我船获大胜。又欲海军人材任汉弃取，以能战为要，可用者留，否则撤退，此层汝独办不到耶！又请派该税司为总稽查，凡修船购械发饷用洋员，皆会同认真妥办。以上各节，汝斟酌可行与否，即电复。哈克们伤未愈，少缓即来。求各船添快炮，容酌办。智利大快船肯卖，已奉旨饬龚使与商。鸿。

283.寄旅顺丁提督

（光绪二十年九月十六日戌刻　1894.10.14）

总署电，本日奉旨：海军受伤大船二只，前经电谕昨夜加工修理，现在谅已修好，各船何日出巡洋面守护炮台？著李鸿章迅速电复。钦此。何日出巡，至何处，仍以依护炮台为要。鸿。

284.复译署

（光绪二十年九月十七日申刻　1894.10.15）

谏电奉旨饬催海军修好出巡，顷丁提督电复：汝昌足伤稍愈，仍不能步履。各船伤重且多，星夜加工，都未完备。拟以一二日先带六船出口，并过威海添配子药，清理各要事后，再巡大连湾到旅顺，安配“定”“镇”起锚机，容另电报云。鸿。

285.寄烟台李[1]

（光绪二十年九月廿三日酉刻　1894.10.21）

丁军门电：昨晚成山电，据荣成报，石岛外十九日有日船九艘下锚，嗣开去七艘，至今尚有二艘在岛外往来量水。查南帮至成山百余里，设有动静，刘镇超佩亦不及知，即知而兵力尚单，亦难远出。倘深入相抵，为患甚多。山东兵有在威者，应请电商东抚，电饬该营在荣成、成山择要驻扎，庶彼有所慑，不至放胆横行。是否，乞示遵。昨已遣探，俟得确信再报云。祈酌办。鸿。

286.复丁提督

（光绪二十年九月廿三日亥刻　1894.10.21）

石岛距威海不远，仅倭船二只，尔应带六船往巡驱逐，徒虑其深入为患，何胆怯至此。东兵在威，能否移扎成山，倭遂不敢放胆，海军竟不若东兵耶？鸿。

〔1〕烟台李，指时任山东巡抚李秉衡。

287.寄译署

（光绪二十年九月廿七日午刻　1894.10.25）

丁汝昌本日电：六船、两艇，刻率赴成山石岛一带巡缉云。鸿。

288.寄译署

（光绪二十年九月廿七日午刻　1894.10.25）

威海炮台统将电：今早六点钟，倭船两只，来威口外游弋，丁军门带“定”“镇”“济”“靖”“平”“丙”、两鱼雷船出口迎敌，倭船逃东北，我师迎击，该船快车北驶。我军现赴成山云。鸿。

289.寄译署

（光绪二十年九月廿八日辰刻　1894.10.26）

丁提督沁成电：丑刻，得成山电。南路遥有火光炮声，当即饬各船急速升火，寅初出口，见两倭船由南驶北，当开满足齐逐，相距八千余码，彼遂转向东北急驶，各船合逐，至卯初远不见影。复转向成山、里岛一带探察，无一倭船，刻已回威云。鸿。

290.寄威海丁提督

（光绪二十年九月卅日辰刻 1894.10.28）

赵怀业、徐邦道等电：现有民船百余只，装运日兵，并兵船三只，向大孤山一带前来，势甚吃紧。徐、赵等系新勇，未经操练，甚为可虑，大孤山距威不远，希酌带数船驰往游巡，探明贼踪，以壮陆军声援。鸿。

291.丁提督来电

（光绪二十年九月卅日戌刻到 1894.10.28）

卅电奉悉。昌即率“定”“镇”“济”“靖”“平”“丙”六船两艇，今晚赴旅湾，再探剿大孤山一带。惟昨晚旅电云，倭兵商船三十余只，在皮子窝东北。又，英船探称，倭带雷艇十余只，必以此拼我铁快各船等语。此行遇敌，惟有督率将士，尽力死拼，第船少械亏，胜负非所敢计，伏乞鉴谅。汝昌叩。卅午。

292.复旅顺丁提督

（光绪二十年九月卅日戌刻 1894.10.28）

何时至旅？相机探进，不必言死拼。鸿。

293. 寄译署

（光绪二十年十月初一日申刻　1894.10.29）

大连湾赴怀业电：探报，三十日辰刻，洋匪马步队约四五百人，由东北陆路拥进皮子窝，其海里洋匪随潮蜂拥登岸等情。丁汝昌电；早间由威到旅，下午开赴湾，相机巡防云。鸿。

294. 寄译署

（光绪二十年十月初一日酉刻　1894.10.29）

提督丁汝昌电：昌前在大鹿岛力战受伤，蒙奏请假。前日由旅开威，昌力疾登船，督同诸将，调度巡防，尽心料理，未敢稍存推诿。刻下腿肿未消，一足不能落地，然伤虽未愈，当此军情吃紧，惟求奏明昌力疾销假，率队出海巡剿。鸿。

295. 丁军门来电

（光绪二十年十月初二日戌刻到　1894.10.30）

昨由旅开，“北河”在前，行至大连湾东，“北河”折回，同寄泊口内。马船主过船云：我力过单，前去吃亏，无益。现回旅赶配“定”“镇”起锚机。汝昌叩。

296.复丁军门

（光绪二十年十月初三日巳刻　1894.10.31）

"定""镇"起锚机何时配好？卫汝成明晚带五营登商轮三只出海，殊不放心，汝须于初五日游巡老铁山前一带迎护。鸿。

297.寄烟台刘道〔1〕

（光绪二十年十月初三日巳刻　1894.10.31）

丁提督电；德兵船主向福来舍云，刻下如一铁甲船及快船，包送来华，验收付价不误等语。如愿购，即电东海关道，就近与福密议云。即细询福来舍，详电示。鸿。

298.丁提督等来电

（光绪二十年十月初七日寅刻到　1894.11.4）

顷接周臬司电：有兵被掳逃回云，凤城迤南，倭分三路，每路五千云。揣倭意必有扑湾计，可否速调劲旅数千，派轮由榆关迅渡松木岛登岸，扼金州北道，寇果来，拦腰截击，亦可联络湾军，合谋同剿，当可收效。乞宪夺。成字到四营。卫镇乘"广济"，刻尚未到。汝昌、照玙禀。阳子。

---

〔1〕刘道，登莱青道刘含芳。

299.复丁提督等

（光绪二十年十月初七日辰刻　1894.11.4）

松木岛距榆关若干里？无渡船岂易登岸？雨亭岂毫无阅历，且榆关、津、沽何者为劲旅？焉得数千？“广济”至夜未到，岂有他故？焦急之至！鸿。

300.丁提台来电

（光绪二十年十月初九日丑刻到　1894.11.6）

船坞工匠人纷纷告去，不日恐有停工之势。水师在旅亦有三难：一、湾有失，敌必扑旅后路，我师船在口内，不能施展，无以为力；二、敌船来攻，口门窄小，不能整队而出，且“定”“镇”必须俟潮，若过急，冲出不易；三、口外寄泊敌艇过多，夜间来攻，我船又少快炮，实难防备。请示遵行。昌叩。

301.复丁提督

（光绪二十年十月初九日辰刻　1894.11.6）

洋报：湾防用炮攻打，彼此伤亡甚多，殊可优急。敌踪距旅若干里，旅本水师口岸，若船坞有失，船断不可全毁。口外有无敌船，须探明再定进止，汝自妥酌，勿得张皇胆怯，致干大戾。仍随时电知。鸿。

302.丁提督由刘公岛来电

（光绪二十年十月十一日未刻到　1894.11.8）

刻抵威。昨上午在旅，连都统、徐、赵统领先后来晤，徐军守十三里台卡，日兵连攻两日，初八夜包过卡后，因接应兵单，不能抵御，卡退城失。各营台被困，路见怀字营在双塔沟驻宿。又云：屡出向西军程提督告急，未见进兵。连、徐、赵旋即回前敌。下午见有湾台兵至旅，据云：和尚岛三台均失等语。现关内无重兵出援，旅亦万难久支。旅坞已停工，“定”“镇”起锚机未配妥，“来远”工程只修一半。惟旅口陆路有急，各船不能展动为力，有损无益，前电已陈。又因湾、旅各统领恳速告急，故回威电禀。“丙”赶将紧要工程，在威厂设法修理。昌叩。

303.复丁提督

（光绪二十年十月十一日未刻　1894.11.8）

真电并未声明旅口外有日船几只游弋，抑竟无日船？“来远”据贾礼达云，虽未修好，可勉强行走，何以未禀明带出？昨电旨方令汝与刘步蟾带船往皮子窝设法雕剿，断其后路接济，力固不能，然如此仓皇出走，恐干重咎。宋帅率精锐四千，今日由辽阳赴海、盖、复州一带援剿，亦缓不济急。程之伟兵单而弱，刘盛休溃军胆怯，更不济事，为之浩叹。欲渡兵运粮弹至旅接济，汝看有何法想？即复。

304.丁提督来电

（光绪二十年十月十一日申刻到　1894.11.8）

屡闻日兵接仗情形，前阵以利器攻击，又用包抄埋伏，所以获胜，且各兵身带干粮，日夜轮替接战。我兵过单，既不能作包抄埋伏之举，又饥疲困乏，无暇休息，稍有转动，即行失挫。请派久统马队者，统带马队数千，专司包抄敌人后路，而步队则宜裹粮分层，更番接战，庶不至误。昌叩。

305.寄丁提督

（光绪二十年十月十一日亥刻　1894.11.8）

旅顺警急，朝旨严催派兵往援，并令章高元八营渡海，唐仁廉赶旅督守。寇在门庭，汝岂能避处威海，坐视溃裂？速带六船来沽，面商往旅拼战，渡兵运粮械接济，成败利钝，姑不暇计，尽力为之而已。刻即启碇，勿迟误。鸿。

306.寄丁提督

（光绪二十年十月十三日巳刻　1894.11.10）

顷长山岛电报，昨夜日船数兵灭灯，附近窥伺，势殊危险。我船中途相遇，恐已接仗，如未遇，则暂泊沽口外，严饬各船主早夜防备，勿为所算。汝仍来津与汉纳根等妥商，即行出口督率。鸿。

307.译署来电

（光绪二十年十月十三日戌刻到　1894.11.10）

本日奉旨：前于初三日，困旅顺防务紧要，电饬李鸿章身亲巡历，激励守御，迄今旬日，不见一字复奏。此外电询饬查之件，亦多无复电。当此军情万紧之时，岂容如此玩误。现在旅防日危，该督更无筹画，但付之焦急二字。“定远”各船，前奏三十五日修好，嗣又称起碇机器未全，已久逾前限。不意今日来电，仍云尚未配妥。“定远”为该军制胜利器，今据称水道狭隘，不能转动，似与“来远”均尚在坞中未出，倘被贼堵口，直不啻拱手赍盗矣。著丁汝昌即日前往旅坞，将两船带出。倘两船有失，即将丁汝昌军前正法。李鸿章当懔遵谕旨办理，谅亦无从再为捏饰。旅顺援兵，仍著设法运送，不得因来往冒险，漠视不救也。并著即日复奏。钦此。元。

308.复译署

（光绪二十年十月十三日戌刻　1894.11.10）

元已电先复大略。午间，汉纳根来晤，仍执前议。铁舰挟运船前往，徒多牵制，运船必不可保，或令船主马格禄即吉芬同兵舰往巡则可，然亦险事，应俟马回再商等语。顷奉元电谕旨，惶悚莫名。所有电询要件，多已电复。身亲巡历一节，须视时势为动止，军情少定，亟应择要往巡。适丁汝昌来谒，据称：“定”“镇”起碇机器铸铁工太大，是以尚未修妥，勉强行驶，起锚须三点钟之久。“来远”因伤重，匠少，只修一半。初十已将“定”“镇”及“来远”一并带往威海。可纾圣廑。余俟马格禄回津，与汉纳根、丁汝昌商定办法，再行电复。请代奏。鸿。

309.寄译署

（光绪二十年十月十四日亥刻　1894.11.11）

日间与汉纳根、丁汝昌等面议，汉谓在旅数年，谂知该岛山径险阻，现有二十一营分守前后，当可暂支，即冒险添兵往助，似无大益。惟金州北路一军进攻，足以牵制敌势，但敌众我寡，难期制胜。章高元八营，请由登州乘轮至营口前进，会合宋军，气力较厚。旅顺日船游弋，运兵船断不可往，语甚激切。丁汝昌拟即率六船由沽赴旅口外巡徼，遇敌即击，相机进退。若令护送运船，适以资敌，与汉意见相同。马格禄尚未回津，丁若途遇，商令上船帮助。鸿已电嘱东抚饬章高元整备改赴营口，为宋庆、刘盛休等后继，一面雇用商轮，分起运往，如此调度，较与全局有裨。祈代奏。鸿。

310.复译署

（光绪二十年十月十七日未刻　1894.11.14）

谏电谕旨敬悉。德国兵船主巡洋函称：见大连湾有日本兵船十六只，雷艇十余，时出海游巡旅、湾洋面。知我兵船太单，劝勿轻于出战。丁汝昌昨带六船往旅口探巡，尚无回信。因旅营粮乏，雇“镇东”商轮偷运粮弹，未知能否送到？有无险阻？如有确探，再奏闻。鸿。

311.寄译署督办军务处

（光绪二十年十月十七日申刻 1894.11.14）

丁汝昌电：十五下午三点由沽开行：次早六点，望见口外老铁山西北有船发烟；九点，六船到旅外抛锚。查知“金龙”“镇东”下午到旅，昌随即登岸晤各统领。据称：羊头洼、小平岛倭均驻雷艇，旅口外每日有兵船三两只游弋；今早羊头洼驻一兵船、五雷艇，见我船到始开去。并云：倭由湾来探马已到距旅卅余里之三间铺，小平岛倭亦有陆兵数百名，刻张、黄两统领专守海前炮台，余五统领分守后路长墙。昌与各军商，须抽奋勇为迎击之师，或出墙迎剿，或策应吃紧之处，嘱各军镇静严守。抽选精锐，如能将小平岛股寇先行驱逐，藉定群心。惟昨午崂蟖嘴炮台外小平岛又有雷艇数艘，昌因两处雷艇太多，六船不能在旅外久泊，夜间恐至失事，昨晚六点开威海，今早三点已到云。鸿查“金龙”系英商小轮，雇其送信；“镇东”系局轮，雇运粮械，幸已到旅。“金龙”即回，“镇东”恐难出口再运。

312.丁提督来电

（光绪二十年十月十七日申刻到 1894.11.14）

威口布雷，下有浮鼓，昨因风大水溜，浮鼓稍有移动。今早进口，“定远”在前，“镇远”在后，“镇远”擦伤，左帮进水。现饬驶近浅处，赶紧抽水，验实伤处，轻重如何，再速请电核办。汝昌叩。

313.复丁提督

（光绪二十年十月十七日酉刻　1894.11.14）

聂士成电：十五日申刻，日寇不知我兵伏在摩天岭南北山，竟由大道直犯岭南，马步约六七百，见我兵击伤彼马步数十名，即速窜回。因我军日日出剿，兵劳力弱，未敢进追，只得固守山头。奈天气寒冷，后无大队，又无大炮。十五晚，派接应队移扎岭北山要，不时令人换守，恐旷日持久，变出意外云。鸿。

314.寄丁提督

（光绪二十年十月十八日辰刻　1894.11.15）

南洋张电，北洋洋弁素多，如有熟于水师尚可任用者，望遣来南洋用之，切盼示复云。希酌派，咨令赴宁差遣。鸿。

315.寄丁提督

（光绪二十年十月十八日未刻　1894.11.15）

顷札派马格禄帮办北洋海军提督，帮同认真办事，若遇海战，务奋勇御敌。月薪三百两，战时加倍，受伤阵亡，照各洋员一律。明日乘“北河”赴威，即传谕各管驾以下员弁，谨受指挥。鸿。

316.寄江督粤督

（光绪二十年十月十八戌刻　1894.11.15）

海军丁提督电：奉旨调南洋师船来北会剿，据称须向北洋借才。查南洋船所缺何项人材，未能悬揣，且往返亦需时日。该船历年操练已久，亦非不能驾驶出洋，应请电致香帅，速饬行速炮快四船，迅将领配一切赶紧备齐，并子药军火，多储速配，径驶来威，昌即与酌添得力员弁，再筹会剿。又广东有四大雷艇，两艘已练齐弁勇，两艘尚未配人，并祈电请筱帅，迅饬雷局配齐弁兵，赶驶上海，与南洋船整队北来，庶于军务裨益。倘船艇来时，尚虞半路要截，则订期约会何处，昌可率队途中迎护云。查日船毕集金州岛各口，威海以南，近无游弋，祈酌办。速复。鸿。

317.军机处电寄丁汝昌谕旨

（光绪二十年十月十八日电寄档　1894.11.15）

奉旨：丁汝昌十六日曾到旅顺，晤诸统将，“镇东”局轮输送粮械亦到，可见旅顺口外并非时有倭船梭巡。仍著丁汝昌统帅各舰不时游弋，牵制贼势。钦此。

318.寄丁提督

（光绪二十年十月十九日辰刻　1894.11.16）

总署啸电，本日奉旨：丁汝昌十六日曾到旅顺晤诸统将，“镇东”局轮运送粮械亦到，可见旅顺口外，并非时有倭船梭巡，仍著丁汝昌统帅各舰，不时游弋，牵制贼势。钦此。马格禄不日到威，应速妥商往旅口游巡，敌欲水陆合力攻旅，藉稍牵制。姜、程十六来禀，敌来犯时只能战守一二日，不知伊等将溃退何处。宋帅已进复界。鸿。

319.寄江督张

（光绪二十年十月十九日巳刻　1894.11.16）

丁汝昌电复：军中洋弁，各专一技，驾驶、管轮、枪炮、帆缆、鱼雷，系须何等教习，派在船抑在堂，请电询示悉，再酌办云。鸿。

320.寄译署

（光绪二十年十月十九日亥刻　1894.11.16）

丁汝昌效电：“镇远”前因进口时为水雷浮标擦伤进水，昨已将夹底上之水抽干，并派人下查数次，未能觅出伤处。现用帆布兜底赶抽夹底之水，冀速觅伤处，设法堵塞。左翼总兵林泰曾以时棘船损，痛不欲生，卯刻服毒，辰刻身故。现派副管驾杨用霖暂行护理，赶速抽水补塞，以便出海云。

鸿已电复，准杨用霖护理。鸿。

321.寄译署

（光绪二十年十月廿日辰刻　1894.11.17）

丁汝昌效酉电：日船前后来十数只，两鱼雷猎艇在口外二十海里内游巡竟日，刻尚未去。据美教习马吉芬禀，该国水师官函告，倭前数日派雷艇在烟台、宁海州之间量水，有拟于此处进兵之说。现在威防亦甚吃紧，俟船主马格禄到威，妥商进止云。已电饬烟台守将孙金彪设法严防，与威军夹击。鸿。

322.寄丁提督

（光绪二十年十月廿二日巳刻　1894.11.19）

总署个电，本日奉旨：本日据李鸿章电奏，“镇远”为水雷浮标擦伤进水，总兵林泰曾服毒身死等语。览奏不胜诧异。丁汝昌电称，“镇远”前因进口时为水雷擦伤，似此电之前，已有电将此事原委报明李鸿章，而李鸿章并无电奏。此船原泊何处？进何口遇水雷浮标？既是水雷浮标，应碰伤船帮，何以擦伤船底？又何致派查数次，未能觅出伤处？林泰曾纵因船损内疚，何至遽尔轻生？来电叙述，既属含糊，情节更多疑窦，殊堪愤闷，难保该船无奸细勾通，用计损坏。著李鸿章严切查明，据实详晰复奏，不得一字疏漏。京津耳目甚近，此事实情，无难即日发觉，谅该大臣亦不敢代为掩饰也，钦此。现已查出伤处否？如何修补，俟马格禄到后，令速查明原因，据实转报，以凭核办。鸿。

323.复译署

（光绪二十年十月廿二日巳刻　1894.11.19）

丁提督前报，由旅顺回威海进口时，“镇远”船帮被水雷浮标擦伤进水，因水未提净，暂未能觅出伤处，鸿饬其赶紧提水补漏。林泰曾向来胆小，想因疏忽，内疚轻生，未必有奸细勾通，用计损坏。现正觅匠，就威海机器厂设法修补。奉旨查询，俟马格禄到威后，再令查报转奏，因无所用其掩饰也。鸿。

324.丁提督来电

（光绪二十年十月廿三日到　1894.11.20）

刻接旅顺龚道、各统领函云：十九、廿一两获胜仗，并托求帅速催外援。关内马步队请速令出关，马队尤宜先发。如能旅顺酌添数营最好，而接济洋枪子为尤要云。汝昌。

325.复丁提督

（光绪二十年十月廿三日申刻　1894.11.20）

漾电悉。马格禄到后，细查“镇远”伤漏，何日竣工？林镇因何服毒？实在情形，详确电复，勿得一字捏饰。旅获胜，当可暂守。宋帅及铭军已抵金界，兵力殊单。唐元圃、李久六营、章高元八营，尚未全抵营口。岫岩已失，势将并归金州。闻旅口外现无日船，拟速解粮弹。兵船何时始能赴旅游巡？大小雷艇应派往旅帮同守口，即筹度。鸿。

326.寄丁提督

（光绪二十年十月廿四日巳刻　1894.11.21）

总署电，奉旨：李鸿章奏“镇远”擦伤情形已悉。“镇远”为海军上等船只，一有损坏，即应赶紧详细具奏，不应俟续查，始以大概情形电闻。此电所叙，由旅顺回威海进口，皆前电所未及，殊属疏忽。且海舰管带，自应用奋勇之人，既称林泰曾胆小，何以派令当此重任，则该大臣平日用人不当，已可概见。杨用霖系丁汝昌所派，果否可靠，仍著悉心察看。闻“平远”管驾李和，练达出色，且赋性忠勇，如果属实，即可调充“镇远”管带，以期得力。著李鸿章迅即查明复奏等因。鸿章电复以奉旨敬悉。林泰曾本闽厂学生出色之人，沈葆桢迭经保奏有案。北洋创立海军，仿照西洋各国水师定章，必须由学堂出身者，乃可荐充管驾。林泰曾出洋肄业有年，资深学优，委充“镇远”管带，驾驶合法，但未经战阵。今夏派赴朝鲜巡防，有人议其胆小，鸿章曾加训斥记过。迨大鹿岛之战，询其同船洋弁，云该镇临敌，并未退缩。方冀其历练有成，不料竟因船被擦漏轻生，尚为有耻之将。至“镇远”大副杨用霖，汉纳根于鹿岛战后禀保，其尤为出办力，自属公论，以该船副管驾代理管带，亦系照章，并无偏私。“平远”管驾李和，闻尚奋勇，容俟悉心察看，审酌具奏云。李和是否能胜“镇远”管带之任，较杨用霖孰优，务悉心审酌，据实具复。总兵重任，勿稍偏徇干咎。鸿。

327.寄译署

（光绪二十年十月廿六日巳刻　1894.11.23）

丁汝昌电复：十六晚由旅开，十七早进威口，“定远”在前，“镇远”次之。“定远”过水雷浮鼓后，忽“镇远”旗报，该船受伤，随询有无漏水，据答漏水。“定远”抛锚后，昌赶赴“镇远”，亲见船已欹侧，即令驶到浅处，饬各船派人帮同抽水。当询林镇，因何船伤，据云，靠东浮鼓行驶时，船身忽然震动两次，想是擦伤左帮，验有进水，故即赶报等语。昌速派人到水雷处所验看，东边已无浮鼓。前无事时，兵船出人，皆向威口中道而行，现战时布雷，下有两浮鼓，西靠水雷，东靠刘公岛，两鼓之中六百码为船道，东近刘公岛。嗣查知岛嘴撑出礁石至二百五十尺之遥，东鼓下处，其距山嘴三百尺，适连日风大水溜，浮鼓想向东移，又以“定远”先行，分水力大，西北风盛，浮鼓被推东南，“镇远”驶靠东浮鼓擦石即过。惟汛潮极枯时，礁上有水二丈一尺，“镇远”进口，正值枯潮，又以平时装足煤水，吃水二十尺八寸，正在备战，因多装药弹，用泥袋保护，机器各舱口又多吃水八寸，至适受伤。

旋派本军下水人及水雷营下水人寻觅左帮伤处，连日未得。因该船本有夹底，赶饬抽水，至十九日始将夹底以上抽干，设法用木撑百余根，分撑夹底各门，二十一日方竣，当驶深处抛锚。在弹子舱下觅出伤三处：一宽八寸，长六尺半；一宽十寸，长三尺半；一宽一尺八寸，长九尺。二十三日，觅出帆舱下伤一处，首宽十寸，尾渐尖小，长十七尺。二十四日煤舱锅舱下，觅出伤三处：一宽二尺四寸，长十一尺，近伤前后左右，有数小孔；一宽二尺四寸，长五寸；一宽四寸，长一尺八寸。又在水力舱下，觅出伤一处，宽二尺六寸，长三尺九寸。

二十四日，由沪雇来入水洋匠二人，乘“北平”由烟到此，商令赶行下水补塞，并派人再行细觅，第有无别伤，及何时工竣，未能悬揣，俟事有头绪，再续电回。至林镇泰曾何故遽尔轻生，严询该船员弁，据称该镇素日谨慎，今因海军首重铁舰，时局方棘，巨船受伤，辜负国恩，难对上宪。又恐外人不察，动谓畏葸故伤，退缩规避，罪重名恶，故痛不欲生，服毒自尽，救护不及，并无他故及奸细勾通各事，委系实情。马格禄所查，亦属相符云。鸿按所报船伤多处，尺寸不等，显系误触礁嘴，不仅为浮标所擦，修补费工需时。林泰曾素精船学，自知获咎颇重，故尔轻生，并无别故。祈代奏。鸿。

328. 丁提督来电

（光绪二十年十月廿七日午刻到　1894.11.24）

敬电悉。军事方殷，“镇远”船损，林镇出缺，此时觅伤堵塞，全恃上下一心出力补救。若遽易新将，未谙船性，弁勇心涣，诸多未便。前委杨用霖暂护，本循例行，查杨系补用副将，实缺左翼中营游击，虽非学堂学生出身，而自幼随船练习，于驾驶、测量尚能谙晓，平日操练钤束颇为得力，即东沟之战胆气尚好，为洋员所共知。至升用游击、后军前营都司李和，系闽厂学生出身，外观诚实，内具忠勇，自“镇南”调带“平远”，已历五年，刻值有事，破格用人，此两员均属可用。若照海军章程，应以中军右营副将叶祖珪推升，拟事机稍定，出具三人考语，呈请择定。昌叩。宥。

329.复丁提督

（光绪二十年十月廿七日申刻　1894.11.24）

宥电悉。军务紧急，未便专循资格升转，自以才能、奋勇为上选。杨用霖暂护，业经具奏，仍俟事机稍定，再照章拣择出具切实考语转奏，请旨简放。李和系何省人？想有人保奏。杨既非学生出身，能否服众，均须妥酌。堵塞修补，何日能了？旅顺已失，又有攻扑威海之说，须会商陆军将、督饬各船主妥筹调度，实力防剿。鸿。

330.译署来电

（光绪二十年十月廿九日戌刻　1894.11.26）

本日奉旨：前因旅顺告警，海军不能得力，降旨将丁汝昌革去尚书衔，摘去顶戴，以示薄惩。现在旅顺已失，该提督救援不力，厥咎尤重。丁汝昌着即革职，仍暂留本任，严防各海口，以观后效。前谕李鸿章亲赶大沽、北塘等处巡阅布置，著即日前往，不得再延。仍于奉旨后即行电复。钦此。

331.寄威海丁提督、戴道、刘镇、张镇

（光绪二十年十一月初一酉刻　1894.11.27）

旅失威益吃紧，湾、旅敌船必来窥扑，诸将领等各有守台之责。若人逃台失，无论逃至何处，定即奏拿正法。若保台却敌，定请破格奖赏。闻

日酋向西船主言，甚畏“定”“镇”两舰及威台大炮利害。有警时，丁提督应率船出傍台炮线内合击，不得出大洋浪战，致有损失。戴道欲率行队往岸远处迎剿，若不能击其半渡，势必败逃，将效湾、旅覆辙耶？汝等但各固守大小炮台，效死勿去。且新炮能击四面，敌虽满山谷，断不敢近，多储粮药，多埋地雷，多掘地沟为要。半载以来，淮将守台守营者，毫无布置，遇敌即败，败即逃走，实天下后世大耻辱事。汝等稍有天良，须争一口气，舍一条命，于死中求生，荣莫大焉！鸿。

332.丁提督来电

（光绪二十年十一月初五日到　1894.12.1）

连日会商，各防统将坚约与军舰相辅。戴道意，敌无论何处登岸，以抽绥、巩军队驰往剿捕为重。惟地阔兵单。万一不支，后路台垒设一有失，为贼所用，则各军舰势难支。该军各营原扎太散，已亲同勘度酌移，使可联络。并择要筑行炮土台，多掘沟道，以备设伏。临时不可抽队远行，虽均面诺，仍未敢断其果行，应请电饬叮嘱，用坚至计。再北口三台，原备防海，后面悉露，而该三台后高山，利居险要，议于最高三顶拨置陆炮，抽水师弁勇专守，并派马复恒酌带弁兵驻守祭祀台，兼以调度后山三顶，以资严护。昌叩。豪。

333.寄丁提督、戴道[1]

（光绪二十年十一月初五日午刻　1894.12.1）

戴前请抽行赴远处迎剿，我极不谓然，曾经电斥。彼于营台附近处毫无布置，又知敌利抄后，平日不讲求多掘地营地沟之法，屡经电饬札行，置若罔闻，一昧张皇求援，真不知兵，不知大局也。今丁议以酌移营垒，使可联络，择要筑行炮土台，多掘沟道，以备设伏，避敌枪炮。亟应漏夜赶办，即使地冻石坚，多制锹镐，犹可设法补救。若再师心自用，以浪战取巧侥幸，即令战殁，亦不请恤，为不遵军令者戒。丁提督老于兵事，粗知战守方略，务竭诚商办。刘镇亦系糊涂懒惰之人，并令于后路多掘沟道制敌。昨聂士成、吕本元等在大高岭却敌，亦借地沟得手。日兵亦多挖深沟，以御我师。人皆能用此法，戴、刘独不办，岂非昏庸！鸿。

334.寄吴抚[2]、丁提、卞护提、潘镇

（光绪二十年十一月初五日午刻　1894.12.1）

伦敦电：日本提督大山岩一军已由旅顺动身，其意拟往山海关进攻北京。前日拟往威海一节，顷作罢论云。鸿。

〔1〕戴道，指威海绥、巩军总统戴宗骞。

〔2〕吴抚，湖南巡抚吴大澂。

335.丁提督来电

（光绪二十年十一月初七日午刻到　1894.12.3）

本日昌到南帮，晤刘镇及各营官，谈次察知，尚有坚守之意。前边陆路炮台及长墙地沟，均有布置，现尚多掘梅花坑，以期御守。惟龙庙嘴炮台，隔在墙外，上有高冈，敌若抄后，实难守住。已约临时水陆共护此台，倘万不得已，拆卸炮栓钢圈底归鹿角嘴炮台，免致为敌所用，既慑军心，又累大局。而后路空虚，布置未及，中前两营，相隔高冈数道，约五里之遥，不能联络关顾，已商定，事急归入长墙内固守，尚无太碍。第后路添筑土台并地窟，兵勇星夜不遑，议即暂雇民夫，帮同办理，可否酌给津贴？乞电示。昌叩。鱼。

336.复丁提督

（光绪二十年十一月初七日午刻　1894.12.3）

鱼电悉。梅花坑无甚用，不若多掘地沟。所拟刘镇各营台布置尚妥。土台地沟，须添雇民夫帮助，津贴若干，准核实开报。

337.寄译署

（光绪二十年十一月十四日巳刻　1894.12.10）

丁汝昌元电：徐道建寅昨到威，今日过岛，历勘水师各船情形后，据云明日回烟。本日五点半钟，倭有一船由西来，抵东口巡探，赵北嘴炮台共开六炮，内有一炮中其烟筒，一炮中其船后，行驶遂滞。天黑不获派船出口，拟明早派雷艇查勘。如果倭船因伤重沉没，再续电闻。又，威海北岸戴宗骞电：申刻有倭船一艘由东来，过北山嘴岗开炮，即速驶过绕南口，赵北嘴台开四炮，雨雾看不甚清，刘公岛登山瞭见第二三炮打中，即北走猫头山，后随约有四五艘，至晚均不见，仍饬严防。又，威海南岸刘超佩电：十三日下午，有倭船两只，一商船、一兵船，离南口、赵北嘴不远，十八生炮打七千五百密达，打六炮，头炮未中，第二炮中烟筒，第三炮中船后身，第四炮亦中船后，第五、第六炮贼船去远。丁提督在刘公岛山上看见云。鸿。

338.寄译署

（光绪二十年十一月十五日巳刻　1894.12.11）

丁汝昌电："镇远"觅伤补塞工程截至十三日止，计已补塞：帆舱下宽十寸、尾渐小、长十七尺，伤一处；机舱下宽二尺四寸，长十一尺零左右，尚有数小孔伤一处；帆舱下宽一寸、长三尺伤一处；又宽三寸、长二尺五寸伤一处；水力机舱下宽四寸、长三尺伤一处。尚有弹舱下宽八寸、长六尺半，又宽十寸、长三尺半，又宽一尺八寸、长十二尺伤三处。机舱下宽二尺四寸、长五尺，又宽四寸、长一尺八寸，水力机舱下宽二尺六寸、长三尺九寸伤三处，现正补塞。惟风浪颇大，水底不能施工，甚为焦急，已雇下水机匠两人及本军下水人，设法赶修，并悬赏格以为觅伤补塞者劝。何时工竣，当续电闻云。鸿电复：下水机匠能克期努力修好，应酌给赏银。

339.寄译署

（光绪二十年十一月十五日巳刻　1894.12.11）

丁提督电："定""镇"两舰，原系徐道建寅监造，昨来威勘验，所论悉中机窍，战守机宜，颇知要领，忠勇之发，溢于言表。可否奏派留船，或为提督帮办，或作监战大员，良多裨益云。请代奏。鸿。

340.复丁提督

（光绪二十年十一月十五日巳刻　1894.12.11）

修至今日，伤漏尚有如此之多。其下水机匠等，务饬克期努力修好，悬定赏格电复。如迟延，即不给赏。鸿。

341.寄丁提督、刘道

（光绪二十年十一月十八日午刻　1894.12.14）

顷毕德格自美来荐，有美国人威理得、好为二名，能造新式水雷秘法，驾雷艇出口，包在洋面轰毁敌船二三只。现到烟台，望芗林即派妥人伴送至威，由雨亭与伊妥商办法，如做成水雷能轰敌船，允给赏号若干，另月给薪费若干，商定具复。鸿。

342.寄督办军务处

（光绪二十年十一月廿一日巳刻　1894.12.17）

前闻有两美国人挟奇技来投效，过倭被扣留，张侍郎亦略知原季。昨毕德格云，与同船来，稔知其人，被扣后又保释，现潜行到沪，求准留试用。当密饬烟台刘含芳商询。顷电称；两美人到烟，与久谭，建功之志甚坚，言能以少舰击众，非仅雷艺。芳问杨使有无文信。据称信在陈翻译处，在神户被倭连人带去。芳问其应否订立合同，据称此时不必，应看我本领再说。明早随左一雷艇往威，芳函丁提督，令美学生吴金厚、吴应科、曹嘉良、蔡廷干、王登良、王登云等，先与讨论机宜，再与水师各官料理。闻其布置海岸守台之法亦精，应待丁提督考究海面胜算之后，并令察看威防各台，以固全局。又，该美人宴汝德、郝威密录十事，其术近于作雾，如在威试果能有效，沉其快舰，亦转危之机。先将十事电呈，明早尚有订价之约：一、在口岸造炮台，精强水师不能攻入；二、运兵登岸，敌不能看见；三、打沉敌船，停泊开行，皆能打沉；四、活捉敌船，使不受伤；五、经过敌炮台，使敌不能看见；六，经过敌设水雷处无险；七、使雷艇靠近战船，敌不能看见；八、改制商船，如同精强战船一般；九、四十八点钟时候，能将炮台口岸布置严密，并不用炮台水雷；十、使近水处炮台水师无响声。以上各事，包管成功，并制办甚省，除施用不小心，或误中敌飞弹外，另无伤船伤人之险。宴汝德谨具云云。无论其技术能否做到，总可为海岸战守之助，俟丁提督等考究精确，随时奉闻，乞便中告张侍郎。鸿。

343.译署来电

（光绪二十年十一月廿二日戌刻到　1894.12.18）

奉旨：昨降旨将丁汝昌拿问治罪。海军统帅需人，著李鸿章于海军将领中详加遴选，据实保奏，候旨擢用。李和、杨用霖二员管驾海舰，素称得力，道员徐建寅近往威海察看船只，据丁汝昌电，颇称其能，此数人才是否擢授提镇，抑或暂令署缺，察其果能胜任，再予除授，李鸿章应悉心酌度，迅速复奏。美国投效二人自述十事，言虽近诞，惟西人向多幻术，无妨试验虚实，并著李鸿章派员切实试看，有无明效，再行奏复。威海为我军诸舰常驻之所，防御尤关紧要。“镇远”一舰前饬令加工修补，何时可以竣工备用，并著先期电复。钦此。养。

344.丁提督来电

（光绪二十年十一月廿三日子刻到　1894.12.19）

马电悉。两美人及“左一”在烟尚未到威，到日必与讨论，果能制胜，断不掣肘。“镇远”天寒风大，水底施工糜费，难以速成，前已商马格禄，拟再加木撑，先就夹底用三五日办竣，出口试炮，如震力不动木撑，则临时尚可济急。试后如何情形再报。仍留机匠，一面修补，以竣全功。“来远”要工略完，惟舱面铁板上楢木板及各舱房间乏料修造，拟先尽机厂存料用。已调“威远”十生半炮二尊，安其耳台舱后两处。勿需南下，不误战事。马格禄云，香港英商坞守局外例，定不肯修，“镇远”赴闽，船漏而单，诸多未妥，且恐奸细甚多，出口远行，难保无事云。谨复。昌。

345.寄丁提督

（光绪二十年十一月廿三日巳刻　1894.12.19）

总署电：前据杨使函，美员专威路研精化学三十余年，来署上书，有新法破敌，未敢深信。询诸化学家，谓确有是理，复嘱科士达密加访问，据云：其人诚笃不苟，非诡谋欺人者，金山华商集美银六千元，公聘此人，随同莫翻译来华，径赴北洋效力等语。现该美员已抵北洋，所陈十事，究有济否？望严密试演云。该美员到威后，如何议商，随时详电。鸿。

346.寄译署督办军务处

（光绪二十年十一月廿四日辰刻　1894.12.20）

东海关道刘含芳电：顷阅邸钞，丁提督逮问进京。在朝廷驭将之法，操纵自有权衡。然水师统将，去丁仅实缺总兵刘步蟾一人，更难驾驭得宜。明知此时事在为难，而外间实情亦不可不密达枢邸，以尽此心。愚昧之见，伏乞宪裁云。鸿查昨奉电谕，垂询提督胜任之员，踌躇再四，未敢遽行定拟。查西国水师定章，管驾小船升管驾大船，其带大船即中国总兵也。再历练数年，或十余年，乃升提督，不如是，则众望不孚，军民难服。中国陆军既不合西法，海军不可不步趋。如李和甫带“平远”小船，才具稍短。杨用霖甫以大副代理“镇远”管驾，虽尚得力，未便超升。徐建寅系文员，未经战阵，丁汝昌前请帮办监战，似系借此卸责之意，未可遽为定论。前派汉纳报总查海军，英水师提督犹讥之谓非水师出身也，而汉纳根从此遂不上船。今丁既逮问，自无久留之理。惟威海正当前敌，防剿万紧，经手要务过多，一时男易生手。可否吁恩，暂缓交卸，俟遴选得人，再行具奏。鸿。

347.寄译署

（光绪二十年十一月廿四日巳刻　1894.12.20）

丁汝昌电：两美员来，据称，所有住房家具、食用一切、电书各件，均由公中供应。已将现有者移用，无则购买，均无不洽。如举事，需商轮，越多越好，至少亦须数只。接一仗，应备材料在万元之谱，已商马格禄电询各洋行有无，再订购，该两人合同赶办，大率不外刘道电禀左右，订后再呈送备案云。鸿。

348.寄译署督办军务处

（光绪二十年十一月廿五日巳刻　1894.12.21）

丁汝昌电：美员宴汝德函云：一、伊所呈水战防口各款，如试验有效，我国用伊，即给美金洋一万元，不得食言。一、试验应需各料件，均由我国备办。一、试验后如不用伊，在场亲见之人，须秘密其事，不得将所陈各法告人，并私用于国家及私用于自己。一、此约须遵守办理，不得作为废纸，嘱即签押等语。查试验有效，即须付金洋，应如何兑付，且伊须签押后，方肯绘图并开单购料。昌未敢擅便，谨请电商督办军务处，准否签押？候示遵行云。应否准其签押？如试验有效，应饬粮台照付，候示遵。

349.译署来电

（光绪二十年十一月廿五日戌刻到　1894.12.21）

本日奉旨：李鸿章电奏，威海防务万紧，一时难易生手等语。丁汝昌即经拿问，海军提督缺，即著刘步蟾暂行署理。仍著李鸿章遴员保奏，候旨擢用。丁汝昌俟经手事件交替清楚后速即起解。钦此。

350.寄译署督办军务处

（光绪二十年十一月廿六日巳刻　1894.12.22）

威海炮台统将戴宗骞、张文宣、刘超佩等公电：恭读上谕，逮治丁提督，九重严命，何敢渎陈。惟是威防现甚吃紧，倭船常来窥伺，地阔兵单，时虞陨越。丁提督自旅回防后，日夜训练师船，联络各军，讲求战守，布置一切，正仗筹画，若遽进京，军民不免失望。骞等惟有吁恳宪恩，设法挽回天意，暂留丁提督在威协筹要防，大局幸甚。临禀不胜迫切待命之至。又，海军右翼总兵刘步蟾暨各管带等公电：丁提督表率水军，联络旱营，布置威海水陆一切，众心推服。今奉逮治严旨，不独水师失所秉承，即陆营亦乏人联络，且军中各洋将，亦均解体。当此威海吃紧之际，大局攸关，会恳宪恩，设法挽转，收回成命，暂留本任，竭力自赎，以固海军根本之地，而免洋将涣散之心，实为深幸，迫切吁祷，伏乞格外成全各等语。事关要防大局。不敢壅于上闻，候裁夺。鸿。

351.寄译署

（光绪二十年十一月廿六日申刻　1894.12.22）

丁汝昌宥电；两美员来催签押，云如用伊，即请签押，否则回信，伊作别图等语。乞示遵办云。祈速核。鸿。

352.寄丁提督

（光绪二十年十一月廿七日辰刻　1894.12.23）

总署宥电，奉旨：李鸿章电悉。美员宴汝德所陈水战防口各款，如试验有效，即须付给定银等语。此事总以效验为凭，究竟以何船试验？若以敌船为验，则必须出海攻战；若用华船，则断无自行击沉之理。其余各法，如何取效，并著详晰询明，逐条复奏。钦此。应仍详细询明，逐条具复。彼谓不画押，即将他图，岂欲投效日人，则来意不诚可知，须再审酌。鸿。

353.寄丁提督

（光绪二十年十一月廿七日酉刻　1894.12.23）

总署沁电，奉旨：李鸿章电悉。两美员著即与签押，以便试验。钦此。鸿。

354.寄威海戴道、张镇、刘镇等

（光绪二十年十一月廿七日戌刻　1894.12.23）

昨将公电转奏，顷总署电，奉旨：李鸿章电，据戴宗骞等禀请，暂留丁汝昌办理防务等语。丁汝昌著仍遵前旨，俟经手事件完竣，即行起解，不得再行渎请。钦此。查经手事件，所包甚广，防务亦在其内，应令丁提督照常尽心办理，勿急交卸。

355.寄译署督办军务处

（光绪二十年十一月廿八日巳刻　1894.12.24）

丁汝昌沁电：奉署详询宴汝德，据云；前陈十事，一、用药水装管，埋于口门，似沈雷法，价省功倍；二、用药水装管，镶配船后，用机喷出发烟，使敌闻烟气闷即退，我得登岸，惟后路有重兵，则药力不及远；三、亦用船后药水；四、法同，如不能捉，即专毁沉；五、用药水发烟；六、用药水外，进港船头，均配铁钯分开水雷；七、用药水于雷艇；八、将商轮配药水管；九、同一；十、能毁近水炮台，亦用药水。前译水师无响声，系属误会，并去。此系独得之秘，只能略言大概，其深奥处，必用他后方陈等语。查伊签押后方肯试验，如有效用他，即付定银，否则不付。试验之法，或废兵船、废商船、废木船均可，此节尚易商办。惟试验材料，电询烟、沪均无，第香港尚未复电，并需快商船数只，均难即地齐备。尤有虑者，试验有效，及临敌不效，责成太重，把握尚无，应请宪酌。至伊他图之说，原谓伊系有业之人，能作机器，但用水力，不用煤炭，现功未竟，恐我不用耽阁光阴等言。然亦不能不防其为敌用，是否，乞训示云。鸿按所言情形，是必精于化学者，中国苦无此种教师，无论其办法有无把握，不妨试验，留之必有用处。昨奉谕，准其画押，已转饬遵。鸿。

356.丁提督来电

（光绪二十年十一月廿八日戌刻到　1894.12.24）

烟台税司送来英员一、美员一充理炮手，已由马格禄电致罗道、德税司，订立合同后分别岸上、船上差遣。惟投效炮首，知老炮者多，知新炮者少，人浮于事，以后请勿收录。昌。勘。

357.寄译署

（光绪二十年十一月廿八日戌刻　1894.12.24）

丁汝昌电：遵旨本日与马格禄会同签押两美员试验台同，专候询购材料方能开办，以后如何情形，随时电报。洋文合同另文送云。候送到即转咨。鸿。

358.寄丁提督

（光绪二十年十一月廿九日巳刻　1894.12.25）

昨早成山报：日兵轮一在龙须岛，有小火轮欲度兵上岸。午后烟台至成山电不通，由威局呼，应非华人，似为日据。亥刻又报：日船南去，成局未动，应速统现有师船赴龙须岛、成山一带巡探，如日船少，即设法驱逐，否则，听其由后路包抄，则威危，而兵船无驻足之地，弟获罪更重矣。鸿。

359. 丁提台来电

（光绪二十年十一月廿九日亥刻到　1894.12.25）

艳电悉。昌遵即饬船艇备便出海，惟据马格禄云，军船威海相依为命。与其全队出海滋疑，且遇一二敌船，亦宜暗袭，若明攻，彼必远飏，不能接战。又恐趁我全出，以大队封我海口，不如伊带三艇出探，若实有倭兵登岸，即速回报，再与昌率全队前往拼战等语。刻已定：马带三艇，今夜开行，昌令六船余艇备便汤汽，候报即发。探复情形，再续电闻。艳酉。

360. 复丁提督

（光绪二十年十一月卅日辰刻　1894.12.26）

艳电所虑亦是。成山续报，日船在龙须港登岸，仅数人，旋即退去。马格禄往探若何？“镇远”用木撑做好，炮不震否？美员材料，催速备办。鸿。

361.丁提督来电

（光绪二十年十二月初十日丑刻到　1895.1.5）

“镇远”伤痕已补，其余伤处满拟速完，试车试炮较妥，乃沪雇洋匠二名今日面禀，天寒风雪，水底万难施工，拟请假回沪，稍暖再修。只可照准。现伤尚有三处未修，共长三十英尺，宽自二足至六尺不等。昌与马格禄议，暂缓修补，拟先就夹底木撑而用，俟天气稍暖，勉强出口。试车试炮情形如何，续报。昌。佳。

362.复丁提督

（光绪二十年十二月初十日辰刻　1895.1.5）

“镇远”伤处，因严寒未能修完，沪雇洋匠准回。夹底木撑必须试车试炮，察看能否得力，详细具复，勿迟。鸿。

363.寄译署

（光绪二十年十二月十二日巳刻　1895.1.7）

昨据丁汝昌电：“镇远”伤处修补大半，因天寒，水底万难施工，尚有三处，共长三十英尺，宽自二尺至六尺不等。与马格禄议暂缓修，先就夹底木撑，出口试车试炮，验其情形若何。顷据续电：昨试车因机舱安有木撑，只能升火五锅炉，仅行七海里，叠经两炮齐发，木撑尚无摇动。据此勘验，倘值急迫，尚可行船放炮，约在八海里以内，惟远地不宜行驶。若风浪过大，与敌炮击坏木撑，并击船震力太大，有无险急，未能悬揣。“定远”左台左炮，前被敌炮击伤，现经洋弁哈卜们督率试放四炮，尚无窒碍。连日叠据倭探，有尽力猛扑威海之说，昌惟与各统领商议，水陆合力严防。又，两美员所需材料，马格禄电香港怡和代办五十箱，起运未到。俟试验再电闻云。昨据成山电局报，日船数只，来往游弋不绝，已严饬威防水陆将领，预备夹击。鸿。

364. 寄丁提督

（光绪二十年十二月十二日申刻　1895.1.7）

岘帅电，督办军务处公论，均以马复恒能胜海军提督之任，嘱即奏保。闻徐建寅力赞马道。其才具魄力，是否尚堪造就？鹿岛之战，是否在船驾驭？中外各员，能否妥协？望即日筹度，据实密复。鸿。

365. 丁提督来电

（光绪二十年十二月十三日辰刻到　1895.1.8）

马道复恒，前曾管带“操江”“康济”“海镜”各船，嗣经会办旅顺鱼雷局。鹿岛之战，尚未到船。因昌战后回旅，受伤卧病，不能照料全军，素知马道心地明爽，帮邀会办海军营务处，借资臂助。顷接电后，面与马道熟商，据称材力不及，万难胜任，中外各员，亦未能妥协，恳切力辞。谈及徐道建寅，才力胜其百倍，于海军情形大局，实能胜任。若奉简来统水师，必有成效等语。亦是实情，不能不据实电复，请宪裁酌夺。昌。元子。

366.寄江海关刘道

（光绪二十年十二月十六日巳刻　1895.1.11）

丁提督电：水师有案，应领之款计六万余两，除由冬饷垫付外，各行尚有未清，应请电沪关按库平七万两，发交义昌。除找还行欠外，并发腊月饷，余款归昌春正饷扣销云。望筹发并行支应局核作收放。鸿。

367.复丁提督

（光绪二十年十二月十六日巳刻　1895.1.11）

电请沪关拨七万两，姑照转电。惟找义昌行欠外，何以在沪发腊正饷，殊不解。鸿。

368.寄译署

（光绪二十年十二月十八日午刻　1895.1.13）

顷接海军帮办英员马格禄电：丁提督才能出众，忠勇性成，素为海军各将领所服。格禄与之共事，相知甚深。现值倭寇窥窜，时局艰难，恳请中堂奏保暂缓交卸，以系中外之望。所有参劾各节，均与丁提督无涉。如果必行拿问，诚恐海军中外各员，均以赏罚未能出于至公，海军局势，必至万分艰难云。鸿本不敢多渎，又未便壅于上闻。请酌夺代奏。

369.寄刘公岛丁提督、刘镇

（光绪二十年十二月十八日戌刻　1895.1.13）

总署电，本日奉旨：昨因倭寇欲犯威海，已谕李鸿章等飞饬严防，第念海军战舰数已无多，岂可稍有疏失，若遇敌船逼近，株守口内，转致进退不得自由，应如何设法调度，相机迎击，以免坐困。著李鸿章悉心筹酌，饬令海军诸将，妥慎办理，并先行复奏，钦此。查倭如犯威，必以陆队由后路上岸抄截，而以兵船游弋口外，牵制我师。彼时兵轮当如何布置迎击，水陆相依，庶无疏失，望与洋弁等悉心妥筹，详细电复，以凭核奏。鸿。

370.寄威海水陆将领

（光绪二十年十二月廿日巳刻　1895.1.15）

总署效电，本日奉旨：李鸿章电奏已悉。前据总税务司探闻，倭第三军万二千人欲往威海，今成山西南有倭轮抛锚，似系先来试探，其大队恐将踵至。著李鸿章、李秉衡饬令各军，加意严防敌船动静，并著随时确探电闻。钦此。鸿。

371.寄译署

（光绪二十年十二月廿日亥刻　1895.1.15）

钦奉巧电谕旨：倭寇就犯威海，战舰无多，岂可稍有疏失，应如何设法，相机迎击，著悉心筹酌，饬令妥慎办理，先行复奏等因。遵即电饬海军诸将，预筹水陆相依之法。顷丁汝昌会同帮办马格禄电称：倭或渡兵上岸来犯威防，必有大队兵船雷艇牵掣口外，汝昌、格禄早与刘镇及诸将等再三筹画，若远出接战，我力太单，彼船艇快而多，顾此失彼，即伤敌数船，倘彼以大队急驶，封阻威口，则我船在外，进退无路，不免全失，威口亦危。若在口内株守，如两岸炮台有失，我船亦束手待毙，均未妥慎。窃谓水师力强，无难远近迎剿，今则战船无多，惟有依辅炮台，以收夹击之效。查威、旅海口情形迥异，旅顺口窄澳狭，船必候潮出口，非时不能转动，临阵不能放炮，即难依辅炮台，又实无益陆路。威海则口宽澳广，随时可旋转，临敌可以攻击，事势不同。倘倭只令数船犯威，我军船艇可出口迎击，如彼船大队全来，则我军船艇均令起锚出港，分布东西两口，在炮台炮线水雷之界。与炮台合力抵御，相机雕剿，俾免敌船闯进口内。即使陆路包抄，南北两岸师船，尚可支撑攻击彼船。若两岸全失，台上之炮为敌用，则我国师船与刘公岛陆军，惟有誓死拼战，船沉人尽而已。惟北岸北山嘴守沿海及长墙，约三十余里，虽与戴道商派马道复恒协守祭祀台及各高山，又由张镇文宣酌拨两哨驻守祭祀台切近山沟，其余山沟尚多，戴道兵力不敷分布，实为可虑。南岸自龙庙嘴守至赵北嘴，亦十余里，后路更宽，均甚吃紧。前商挖沟做墙布旱雷各事，现又商以麻袋装土堆积避弹，以辅各台未筑后墙之缺。要之地阔兵单，全恃后路游击有兵，以防抄袭，方能巩固。东抚想已遵旨布置，水师断难舍舟而陆。所有遵拟筹画情形，乞采择核奏云。查威海两岸，地阔兵单，鸿严饬戴宗骞、刘超佩各守炮台长墙，实无大枝游击后路。海军所拟水陆相依办法，筹虑似尚周到。请代奏。

372.寄译署

（光绪二十年十二月廿五日午刻　1895.1.20）

丁汝昌本日卯刻急电：顷成山电，倭船四十只在荣成湾开炮，后容再报云。鸿查倭船大队至荣，恐电线即断，故难再报。

373.寄威海丁提督、戴统领等电

（光绪二十年十二月廿五日午刻　1895.1.20）

倭船大队在荣成湾开炮，势必分投登岸。龙须、倭、里各岛防队单薄，恐难抵御。电线将断，马探驰报若何。荣距威尚百里，山谷从杂，东兵能否设法埋伏邀截，以牵制之。威防只能守炮台长墙，曷任焦系！鸿。

374.寄译署

（光绪二十年十二月廿五日未刻　1895.1.20）

丁汝昌有寅电；顷接成山电，两船在荣成下锚，两船向龙须岛驶。廿二船在灯塔外，或二英里或八英里游弋，必是倭船有登岸之举。因昨有三倭船在登州开炮，牵我兵势。又，有巳电，成山电辰刻已不通云。鸿。

375. 丁提督来电

（光绪二十年十二月廿五日申刻到　1895.1.20）

美员试验药料，前由马格禄电怡和洋行代购到烟。又在烟购油两种，约一千余元，下在民船，候风来威。乃刻报，昨日焚去。未知船户失慎，抑有奸细故毁。谨电闻。昌。有午。

376. 复丁提督

（光绪二十年十二月廿五日申刻　1895.1.20）

有午电悉。美员试验药料，在民船焚去，何不派兵船往带。成山一带，虽有日船，自威至烟，何至一步不能行。所称焚去，是否药料未焚，仅焚添购之油？鸿。

377. 寄东抚李、丁提督

（光绪二十年十二月廿五日酉刻　1895.1.20）

总署有电，奉旨：李鸿章、李秉衡电均悉。倭船在登州开炮一时之久，旋即驶去，并闻大连湾泊有倭船近五十艘，似即广岛开来之船。诡谋叵测，威海之防不可一日稍松。仍著李鸿章、李秉衡分饬水陆各军，严密防守，力与相持，勿令乘隙登岸，是为至重。钦此。转山东巡抚云。鸿。

378.丁提督来电

（光绪二十年十二月廿五日戌刻　1895.1.20）

两美员：宴汝德要赴烟，已给护照川资，并函致刘道照料。郝威愿告奋勇上船，尚未订合同。昌叩。

379.复丁提督

（光绪二十年十二月廿五日戌刻　1895.1.20）

美员宴汝德求去，听之。郝威愿告奋勇上船，有用与否，酌办呈明。鸿。

380.寄威海丁提督、戴、刘、张各统领[1]

（光绪二十年十二月廿六日巳刻　1895.1.21）

昨刘超佩禀：带千二百人赴荣成一带迎击。闻日兵甚众，均陆续登岸，我军太少，势不能敌，若有伤损，徒挫锐气，应令刘镇相机退守，勿为无益有损之战。现倭势趋重南路，则北岸稍松，戴应酌拨两三营速赴南岸，帮同扼要截击。并严守大小炮台，储足粮弹，敌来尽力死打。其北岸各处，

〔1〕戴、刘、张，指此时威海守将戴宗骞、刘超佩、张文宣。

或有空虚，应由戴电商孙镇金彪派队前往协守文登来路，海军应分布东西两口，预备夹击。务即遵办电复。鸿。

381.寄威海丁提督、戴、张、刘各统领

（光绪二十年十二月廿六日酉刻　1895.1.21）

闻日兵虽众，皆由广岛调出，内有四十内外人，非尽精锐。彼欲趁和议未定，于除日元旦，攻我懈怠，夺我炮台，毁我战舰。水陆将士当昼夜严备，切匆循常倒过年。始能齐心血战破敌，旨必重赏。临时宜悬赏格，激励死士。彼既由南路抄来，戴、张所部，除各守炮台外，当分队助南岸战守。若南岸守住，彼或分兵抄北岸后路，刘、张再分队助北岸。全在调度灵动，无分畛域，勉之望之。鸿。

382.寄抚李、丁提督、戴道等

（光绪二十年十二月廿六日亥刻　1895.1.21）

总署宥电，本日奉旨：李鸿章、李秉衡二十五日各电均悉。倭寇蓄意谋攻威海，大队兵船已在荣成开炮，并有倭兵上岸，电线不通，情形极为危急。其洋划登岸之兵究有若干，著李鸿章、李秉衡各饬防军飞速驰击，勿任深入蔓延。海军战舰，必须设法保全。前据李鸿章电奏，豫筹水陆相依之法，尚属详悉。现当临敌之时，应如何相机合力之处，即饬该将领等迅速筹办，毋得束手坐待，致为所困。钦此。转东抚云。鸿。

383.丁提督来电

（光绪二十年十二月廿七日戌刻到　1895.1.22）

顷接戴电云：今往南路，与孙万林约会，扼虎口、凤林集一带，杜北窜。抚七营未至，文宣军能来接应最好。北路托丁相机兼顾等语。昌自顾不暇，何能兼顾北岸。沁午。

384.复丁提督

（光绪二十年十二月廿七日戌刻　1895.1.22）

戴分队扼虎口，恐扼不住，若败回，须嘱戴、刘设法严守。口外有无敌船？若敌船少，应出击，多则开往口门，与炮台夹击，即是兼顾北岸，何谓自顾不暇耶？闻马格禄电税司云，可保守，有何把握？与商筹。鸿。

385.寄东抚李、威海将领

（光绪二十年十二月廿七日亥刻　1895.1.22）

总署沁电，本日奉旨：李鸿章、李秉衡各电奏，倭兵登岸，荣成失守。览奏殊深愤懑。东省兵力较单，疏有疏失，李秉衡自请设处，著加恩宽免。丁槐一军准其留于山东调遣，该营须用枪械，著李秉衡电商李鸿章，于南省解来枪内，经过东省时，酌拨应用。刻下贼已登岸，必将猛扑威海，著李秉衡厚集援军，迅往遏截，并激励将士，如有能奋勇破敌者，立予重赏。

威防戴宗骞等军，守御尚能出力，现在贼踪逼近。仍著李鸿章饬令在防各军，固结兵心，并力截击，不得临敌畏却，致误大局。闻敌人载兵，皆系商船，而以兵船护之，若将“定远”等船齐出冲击，必可毁再多船，断其退路。此亦救急之策，著李鸿章速筹调度为要。本日据吴大澂电奏，魏光焘营内枪械甚少，请于天津新到德枪内借拨一千枝，该抚所购洋枪，正月中旬亦可到津，如数拨还等语。现在魏光焘出关，需用甚急，著李鸿章即行拨给勿误。钦此。转东抚云：查丁槐所统二千五百人，未知行抵东境何处？奉准留东，应请查明饬遵。所需枪械应令派员来津请领，中途箱件乱杂，核拨不便。海军船少，恐难远出冲击，只能在口门与炮台夹击。鸿。

386.寄刘公岛丁提督

（光绪二十年十二月廿八日午刻　1895.1.23）

日兵扑南岸，计尚须二三日。届时察看刘镇如能死守，如何设法帮助，若彼不支，密令台上各炮拔去横闩，充入海旁。若水师至力不能支时，不如出海拼战，即战不胜，或能留铁舰等退往烟台。希与中外将弁，相机酌办为要。鸿。

387.寄威海丁提督、戴、刘统领、烟台刘道

（光绪二十年十二月廿九日巳刻　1895.1.24）

刘岘帅寄督办军务处王大臣电：坤于二十八午刻抵津，见直督李，湘抚吴亦到，座中询悉长军获胜，海城已复，东路较松，倭尽锐趋山东沿海，

威海甚危，海军告急。倭计欲得我铁甲兵轮，并欲窜扰山东，以断南北运道，殊于大局有关。坤商之李鸿章，电饬丁汝昌相机办理，务须保全铁甲兵轮各船，一面由坤电饬所调江南马步诸军，由山东境迅赴烟台或赴威海，探悉倭人所向，并力截击。现在情形不同，似可暂留牛师韩、马必胜等营守护近畿，而令程文炳、董福祥即日统率老营启行，由德州、济南一路前进，以期迎头堵剿。坤暂驻天津，察酌事宜。令宋朝儒、杨金龙等整顿队伍，听候调遣，为夹攻计。至海军吃紧，督率需人，可否仰邀天恩，姑宽丁妆昌拿办之罪，责令立功自赎，出自逾格鸿施。请代奏并候电复云。鸿。

388.寄威海戴道、刘镇

（光绪二十年十二月廿九日申刻　1895.1.24）

丁提督电：南岸龙庙嘴炮台，刘镇照前禀不守，炮闩钢底闩圈已起去。其水雷营电线，昌拟移在“康济”船，抛日岛后，戴道不允，乞速电饬云。龙庙嘴炮台，刘何以不守。敌兵在何处？水雷营电线，原防敌船由口内登岸，今敌船未能进口，移去免为敌用，亦是稳著。即与丁妥商办理。鸿。

389.丁提督来电

（光绪二十年十二月廿九日申刻到　1895.1.24）

奉勘午电，昌即同张镇到南岸晤刘镇等，据云，除死守外，无别策。炮台事，数日前已挑奋勇，安插其中，暗备急时毁炮，现拟将各台备用钢底钢圈取存岛上。至华军如败，万无退烟之理，惟有船没人尽而已。旨屡催出口决战，惟出则陆军将士心寒，大局更难设想。威防如能支，尚须曹军门及吴宏洛来援，他军恐难靠。重出赏格一节，现无银，已出票每张百两，列号后，先盖海提印。如赏与其人，须由该本管官过印，方准支付，如仅昌印不算，乞饬立案。艳午。

390.复丁提督

（光绪二十年十二月廿九日酉刻 1895.1.24）

汝既定见，只有相机妥办。廷旨及岘帅均望保全铁舰，能设法保全尤妙。南岸电线事，已电饬戴道，再与酌办。备银票作赏号，应照拟办理，已行台局立案。鸿。

391.寄丁提督、刘镇

（光绪二十年十二月廿九日亥刻 1895.1.24）

戴道电：顷据南雷营管带李荣光禀称：龙庙嘴台，丁、张、刘议不守。威并未见敌而怯若此，半年来，淮军所至披靡，亦何足怪。宪谕特言台炮能回打，龙庙嘴台亦能回打，因甚轻弃，若非事机紧迫，何至如此。现据陈万清探回，孙万林、刘树德等已获胜仗，杀贼百余，生擒三名，倭已败回，李楹三营亦即赶上。我初战即利，士气倍增，探回报倭众不过三五千云。丁系戴罪图功之员，乃胆小张皇如是，无能已极，著严行申饬。仍令刘镇克日回守龙庙嘴，如不战轻弃台，即军法从事。已严电戴道饬遵。鸿。

392.寄威海戴、刘统领

（光绪二十年十二月卅日申刻 1895.1.25）

丁提督电：南北两岸守台兵，只有一班，尚觉不足，倘有受伤，从何添起。赵北嘴、北山嘴两台，各有营官，余台仅哨官、哨长而已。日岛则无官，各台均无后墙，又无小炮洋枪，如何保护，昌实不解云。看此情形，该统领营哨官皆不以守台为重，试问不守台，不靠炮，将守何处？吾屡谕用麻袋堆土作后墙避敌炮，竟置不复，营盘均扎在低处，汝等偷安顾惜；房屋令汝焚弃，亦置罔闻。守住炮台，则有性命，有功名身家；弃台则无性命，尚恋房屋耶？日岛要地，何竟无官？刘超佩荒谬极矣！著各赶紧布置，以速补迟，即详复。鸿。

393.寄戴道

（光绪二十年十二月卅日申刻 1895.1.25）

刘超佩电：威南口各炮台，均在海边，后面依山，较炮台过高，东西长墙十五里，靠山所筑，敌人拉快炮上山，各台受敌，万不能守。佩紧守长墙，联络炮台，联络一气，果如守住，万无一失。所虑后路空虚，望速调三营紧防，否刚，此台难保。又，丁军门云，龙庙嘴炮台打长墙之时，本在事外，曾电称在案。现倭在近，不守为妙，请示云。究竟龙庙嘴应守与否？应令戴道迅速亲往察酌形势，与丁面商定夺，勿得固执己见，聚讼误事。至速调三营，戴道原调之营，可移扎后路，此外无可调矣。此电并送丁阅，谕刘知之。鸿。

394.寄威海丁提督、戴道等

（光绪二十一年正月初一日酉刻　1895.1.26）

刘道十三电：今早抚帅闻威防张、刘撤龙庙嘴炮台之守，令芳确查。此电牛道未复，想避嫌。午正，接戴电：昨丁、张议定，不商于弟硬做，已禀相申斥，责成刘超佩不战弃台，即行军法，相照行。廷如此胆识，焉得不弹，通津电时，乞并论及，以坚相意等语。芳即电丁、张问故，顷张电称：丁言台后山长，又无枪护，四十人守台万难，与文宣无干。芳思不商而撤，乃丁之过，同在患难，岂可各存意见，务祈宪电饬弃嫌，同心保全危局，以待援兵，大局之幸。又，丁电称：南北岸守台兵，止有一班，各台均无后墙又无小炮，今倭在近，以不守龙庙嘴为宜等语。似丁不为无见。芳查前因，丁劝戴发压饷，并挪款垫刘饷，彼此均有意见，遇事多不面商。该台若失，舰岛自必受敌，应请饬戴，务保全此台勿失，并添拨各台轮替之人要紧等语。顷接戴寅电：各台均用沙袋围护后面，可御行炮，而于各台只一班，未甚措意，徒以营哨官分班巡哨为词。陆路防务，责成应在该道。然如丁言，若临警龙庙嘴不守，则岛舰受毁，亦不可不虑。吾令戴与丁面商妥办，乃来电负气争胜，毫无和衷筹商万全之意，殊失厚望，吾为汝等忧之，恐复蹈旅顺覆辙，只有与汝等拼老命而已。鸿。

395.寄威海戴道、刘镇

（光绪二十一年正月初一日戌刻　1895.1.26）

丁提督东电艳电：孙、刘获胜，不知从何而来？与探马见面则有之。

昨晚南岸枪炮、花筒、火箭连放二点钟之久，今早查询，实未见敌。惑乱人心一也，废去子药二也。戴、刘皆称子弹不足，未见敌人，空放枪炮，此军中大忌，何胆怯张皇至此噫！鸿。

396.寄东抚李、丁提督等

（光绪二十一年正月初二日戌刻　1895.1.27）

总署冬电，奉旨：李鸿章电奏已悉。威海援兵太单，李秉衡已分电迎催浦、徐各军，威海各将领，应就现有兵力，悬赏鼓励，奋勇御敌，迅奏肤功。闻荣成陆路至威海，沿途颇有崇山叠岭，在防诸军，应进据山险，以遏凶锋，毋仅分扼营座，致彼得越岭来攻，又成落后之势。南北岸炮台军火，现在已否整各充足，并着李鸿章确查复奏，以慰廑系。钦此。即转东抚云。昨已添拨枪炮、子弹，由陆路解往接济。鸿。

397.寄刘公岛丁提督等

（光绪二十一年正月初二日戌刻　1895.1.27）

张香帅电奏云；威海戴、孙两军，以少击众，力挫凶锋，洵为难得。惟孤军恐难持久，援军缓不济急，不得已或有两策：一由东抚李电饬该军晓谕荣成、登州一带居民，各集团练义勇协助官军击倭，虽不能击其大队，只须尽力，多方扰之，伺便截其粮饷军火，亦可稍杀贼势，以待援兵。如民团击倭出力，奏免钱粮三年，假如贼久踞登州一带，钱粮岂复为我有哉。一请北洋大臣李电饬海军，就现有铁舰快船四五号，疾驶至成山头一带，顷刻可到，袭其运兵运械接济船及游弋之船，得利则进。如被大队来追，则收至威海，船台相倚，倭必受伤。威海得力在炮台，故倭避水而袭陆，使我炮台无用。若使海军数船扰之，则正可引之，使来台下受我炮耳。彼若用水师攻台，贼船虽多，大半皆系运船，不能破我台也。半年来，贼船终不敢近成海，其情可见。或虑战败船毁，不知威海若失，海军已无老营，寥寥数舰，然后贼从容围攻，终归不支。趁此时威海炮台未失，赶紧用之，犹有万一之望，不然台亦不能久存矣。若彼来攻台，我辅以数舰，则是一台变为数台，一船变为数船也。惟恳朝廷以重赏严罚，激励各船哨弁，方能出奇制胜。此举似乎孤注，然事机危急，断无束手受攻之理。此乃审敌情，尽人事，实非孤注。用此两法，或可缓敌势，以待援兵耳。戴、孙两军胜仗，如东抚查确，似可即请朝廷优奖，以作士气。大局至此，忧心如焚。谨抒愚昧之见，以备采择，是否有当，恭候朝廷裁度，曷胜惶悚。请代奏云。海军出击一节，与历次电旨同，汝应设法筹办，免干咎责。鸿。

398.寄东抚李、丁提督

（光绪二十一年正月初四日辰刻　1895.1.29）

总署江电，奉旨：本日据张之洞电奏，威海援军，缓不济急，请饬李秉衡晓谕荣成、登州一带居民，集团助剿，并请令李鸿章饬海军现有铁快各舰，驶至成山，袭其运船等语。集团一策，着李秉衡即饬地方文武，赶紧举办。至令海舰出击敌船，年前廿七八迭降谕旨，未据李鸿章复奏。张之渭此奏所陈，思议颇为周匝。此时救急制胜，舍断其接济、助台夹击，更无别法，决无株守待攻之理，著李鸿章迅速妥筹复奏。张之洞原奏，著总理衙门照录，电寄李鸿章、李秉衡阅看。钦此。即转东抚李云。希即妥筹速复。鸿。

399.寄译署

（光绪二十一年正月初四日辰刻 1895.1.29）

丁汝昌支电：今早戴道出队南虎口，敌分队逼近，距南岸十余里。刘超佩即出队，见敌前队只百余人，我军亦出小队百名，将敌打退，枭首七，得枪十，追十余里，见敌大队到，恐寡不敌众，即归队扎住，至晚未撤。我军阵亡哨长一，受伤勇二云。鸿查此系南岸炮台未失以前之事。

400.寄译署

（光绪二十一年正月初五日酉刻 1895.1.30）

戴宗骞歌午电：自倭登岸后，绥四营全赴南岸，苦战十日，并无接应。现倭队深入南岸，龙庙嘴台已失，卑军现仍死守长岛南八里铺，万难久支。又，丁汝昌歌未电：倭今早由南岸后路先得龙庙嘴台，鹿角嘴守兵即逃，赵北嘴炮，经水师于午间自毁。戴道要守龙庙嘴，昌亲到戴、刘处晤商，此台万难守，均不允。昌又告云：倭若由后路抄来，此台即为前敌。该台毫无布置，敌由长墙抄来，亦必失，终不听，以致如此，今无及也。昌带各船在沿海岸边，击死倭兵不少，今晚不知如何情形，明日如电通再报云。鸿查：前据丁汝昌电禀，南岸龙庙嘴炮台守兵单薄，敌若由后路抄入，此台难守，则刘公岛水师受敌，戴不肯弃，刘超佩守长墙，又未能多分兵守台，致有此失。而鹿角嘴、赵北嘴两台，因以俱失，洵甚痛恨。现饬查明守台营哨官，拿获就地正法具报。水师各船靠刘公岛，与张文宣陆军四营相依护，尚能竭力堵击。但虑倭兵水陆夹攻，形势孤危，终难久支。请代奏。

401.复丁提督、张镇

（光绪二十一年正月初五日酉刻 1895.1.30）

歌未电惊悉。刘超佩避往何处？应遵旨就地正法。水师缘岸击贼，只要日岛守住，水雷拦坝得力，倭船必不敢探入。汝应竭办督饬妥办，勿避嫌怨。万一刘岛不保，能挟数船冲出，或烟台，或吴淞，勿被倭全灭，稍赎重愆。否则，事急时，将船凿沈，亦不贻后患，务相机办理。鸿。

402.寄译署

（光绪二十一年正月初六日戌刻 1895.1.31）

丁汝昌鱼电：刻下倭队由南岸陆路全向西行，明早必由田村、孙家滩来攻北岸。金线顶电生已逃，明早恐电不通。又，戴宗骞电：南岸台全失，守台将卒多死。宗骞自赴祭祀台，独守北岸三台，倭四面包来，万难久存云。鸿。

403.丁汝昌歌亥电

（光绪二十一年正月初六日到电报档　1895.1.31）

本日各船猛攻鹿角嘴、龙庙嘴两台，均未攻坏。又派“左一”雷艇管带王登云，率护军前营帮带都司衔守备洪占魁、“定远”炮手千总李升及奋勇二十五名，将赵北嘴炮台各炮并药库毁坏，计阵亡李魁元一名，救回八名，馀尚未知下落。护军所挑协守南岸奋勇二百名，内阵亡百余名，馀亦不知下落，统容查明再报。查“左一”管带县丞衔王登云，冒险毁台，免资敌用，奋勇可嘉，为水陆不可多得之员，应请以知县分发省分尽先补用，加同知衔，并戴花翎以示奖励。至已救回奋勇，每名已付给银票三百两，阵亡一名，给五百两；其尚未知下落者，候查明后照给。洪占魁、李升二员，如查系阵亡，各给恤银一千两；如生还，各赏五百两。又通赏“左一”全船出力人等银票二千两，以示鼓励。乞饬局立案云。鸿查王登云奖励可否照准？乞代奏请旨。恤赏银两已饬粮台立案。

404.寄东抚李、丁提督

（光绪二十一年正月初七日辰刻　1895.2.1）

总署鱼电，奉旨：迭据李鸿章、李秉衡电奏，倭攻威海南岸，龙庙嘴等处炮台俱失，虽经击沉敌船一只、雷艇一只，而南岸既为贼踞，情势实为危急。该处布置防守为日已九，何以贼至竟不能固守？刘超佩先行走入刘公岛，显系临敌退缩，并此外弃营逃走各员，著李鸿章、李秉衡即行查明，拿获正法。现在水师各舰在刘公岛与陆路依护堵击，著即饬令奋力冲击，如能多毁敌船，尚可力支危局，切勿再失事机，致以战舰资敌。刻下东省急待援兵，所有丁槐、李占椿、万本华、张国华等，着张之洞、李秉衡分别催令前进，勿得延缓。钦此。即转山东抚云。鸿。

405.寄李鉴帅、丁提督

（光绪二十一年正月初七日申刻　1895.2.1）

总署阳电，奉旨：李鸿章、李秉衡本日电奏均悉。倭队全向西行，戴宗骞往守北岸三台，兵步势孤，危在呼吸。现惟有严饬孙万林、李楹赶紧驰赴北岸，协同戴宗骞等尽力防守。水路各舰，著丁汝昌督率在刘公岛及北岸各台，与陆军依护堵击。孙万林等倘再有退避，即按军法从事。至雷艇管带王登云攻毁赵北嘴台炮药，丁汝昌遽为请奖，殊属非是。南岸全台俱失，水陆各营皆有应得之咎，现在力保北台，王登云倘能奋勇立功，再行核实保奖。此次所请，著无庸议。昨据奏称，高场营炮台打沉倭船一只，又刘公岛打沉一只，出力将弁，著查明奖励。转东抚云。鸿。

406.寄译署

（光绪二十一年正月初九日辰刻　1895.2.3）

威海电断后，正深焦系，顷刘含芳齐电：傍晚有戴道差弁数人来烟，昨早七点钟，倭由小路零队入山，集攻北岸祭祀台炮台甚急，伤人甚多。丁军门与戴道商，已将炮毁，同往“定远”等语。该弁午正过鹿口，犹闻杨亭孙万林枪炮之声等语。查绥巩十二营逃来败勇，营哨甚少，讯据供称，伤亡者多，可为伤心云。鸿。

407.寄东抚

（光绪二十一年正月初九日戌刻　1895.2.3）

总署佳电，奉旨：李秉衡奏，倭人登岸，应以兵船奋力攻击，毁其运船，于保全威海有裨等语。昨因刘公岛及北岸三台情形危急，特饬丁汝昌带水舰会台拒战，或带船出口，尽力轰击，毋使船为贼有。原因南台既失，势须力保北岸，倘并北台不守，海军各舰即无归宿之所。若被贼掳去，贻害尤巨。前两降谕旨，令海军乘间出击。年内丁汝昌等电所筹，大股来扑，起锚出港，东西分布，合力抵御等语，皆以尽力迎战为保船之计，若株守口内，待水陆合攻，必至全船赍敌而后已，后患何堪设想！著李鸿章督饬海军将士，力筹保全海舰之法。如威海不守，各舰何处收泊？一并迅筹复奏。李秉衡电称，依克唐阿所需抬枪，东省不能分拨，请饬李鸿章就近筹解一千杆应用等语。并着李鸿章酌度办理。本日李秉衡折所参失守荣成各员内，有副将阎得胜，前日电奏中又有一先饬正法之阎得胜，是否两人？着电复。钦此。转东抚云。威海线断，电旨无由转达，祈尊处就近探明日内战状电复。鸿。

408.寄译署

（光绪二十一年正月十一日辰刻　1895.2.5）

据英国水师官正月初五日在威海观战，回述是日华倭战状：南岸赵北嘴炮台于午时十二点钟零十分，先为倭据，经海军派敢死之士上岸，将火药轰发，全台轰坏。鹿角嘴炮台于午时十二点钟零二十五分为倭所据，亦经轰坏。龙庙嘴之战，相持甚久，至申正四点钟方陷。其台既为倭据，倭即以台炮扰我海军，并刘公岛各台。海军即将“定远”铁舰驶近炮台，发炮轰击，约半点钟，炮台全坏，此为是日恶战中之一大壮观也。倭寇惟有过山炮，并无巨炮，故彼此交战势必相持甚久。海军遣人轰坏已失之台，其举动实足惊心动魄。刘公岛炮台所发之炮，极为有准。海军各船皆经升火行驶，必有一番大战云。昨据刘含芳佳电：询据逃出弁兵称，北岸北山嘴各台，丁提督与戴道商酌，自行尽毁，免受倭害。是南北岸各台虽失，其巨炮多被海军轰毁；刘公岛虽成孤注，似尚可勉支。已电饬刘道就近购线，密探确情，随时驰报。鸿。

409.寄译署

（光绪二十一年正月十二日辰刻　1895.2.6）

刘含芳真电：顷丁军门、牛道昶昞、张镇文宣函称：南岸失后，巩军败向西去，倭以马步追之。我师船分队沿岸开炮，击杀倭兵多人，贼始折回。绥军出队亦败，刘镇超佩带伤先至威海，嗣送入医院养伤。戴道带随从十余人退入北岸祭祀台，宿子药库，次早昌等复往商战守之策。戴云：绥、巩军均向西散去，派人四出招集，所剩只绥军一营守炮台及保长墙等语。初七卯刻，复往与商，据云：所散兵招集不回，并台墙守兵亦溃西去，两台只乘十九人。吴敬荣、温朝仪并所带协守水手，亦随绥军西去，祭祀台虽有马道及所部死守，然孤台不支，恐资敌用，我船及岛将立见灰烬。昌不得已，劝戴道移住岛中，将水师人撤回岛内，并挑选奋勇赴毁各台及药库、水雷营。戴道到岛吞金自尽。昌等现惟力筹死守，粮食虽可敷衍一月，惟子药未充，断难持久，求速将以上情形飞电各帅，切恳速饬各路援兵，星夜前来解此危困，以救水陆百姓千万人生命，匪特昌等感大德云。鸿。

410.寄译署

（光绪二十一年正月十四日巳刻　1895.2.8）

刘含芳元戌电：顷据雷艇管驾王登云、穆晋书来烟称，自初十夜倭船偷进日岛南口，攻沉“定远”。十一夜，南北两口倭雷艇进，攻沉“来远”“威远”“宝筏”。十三七点，倭大队攻进日岛口，各舰艇起碇攻敌，随丁提督令全军舰艇冲出北口，“左一”艇放雷攻敌，“吉野”快船转舵，未中。倭以一快舰专打雷艇，以大队攻“镇远”“靖远”“广丙”，未知如何。丁提督在“镇远”，余船未见。“左一”行过芝罘亦被击沉。在威出口之时，日岛、刘公岛均尚在，惟我军舰艇已尽。又，十四子初电：顷宁海局电，龙门港击沉舰艇，逃起弁兵六十余人到宁，芳已电令来烟云。鸿查“定远”“来远”等船，先在口内击沉，丁汝昌虽带“镇远”“靖远”各船艇冲出，寡不敌众，迟不如速，亦必均被击沉，是以续电有龙门港击沉舰艇之报。船沉人尽，尚不致为敌用。鸿章相距过远，救援无及，保护无方，咎实难辞，应请旨立于罢斥。祈代奏。

411.寄译署

（光绪二十一年正月十七日酉刻　1895.2.11）

刘含芳谏亥电：第一次夏景春今晚带回丁提督等函开：倭连日以水陆

夹攻，多以雷艇来袭。初十夜月落后，倭雷艇数只，沿南岸偷入，拼死专攻“定远”，旋退旋进，我因快炮无多，受雷一，尾机舱进水，急驶搁浅沙，冀能补救作水炮台，后以受伤过重，竟不能用。是夕，倭雷艇被我击沉一只，又被获一只，内有四尸，余逸出口。十一夜月落后，倭又以雷艇多艘，分路拼死来袭，毁沉我“来远”“威远”“宝筏”三船。十三晨起，倭以水师二十余艘，加以南岸三台之炮，内外夹攻，炮弹如雨，我军各船及刘公岛各炮台，受敌船炮弹击伤者尚少，被南岸各台炮击伤者甚重，官弁兵勇且多伤亡。是日，日岛之炮及药库，均被南岸各台炮击毁。当南岸各台未失以前，昌与张文宣等曾挑奋勇，备事急时即往毁炮，不料守台官既不能守，又不许奋勇入台行事，竟以资敌，贻害不浅，此船岛所以不能久支也。南北岸极其寥阔，现均为敌踞，且沿岸添设快炮，故敌艇得以偷入，我军所有举动，敌于台岸均能见及，实防不胜防。十三晨，敌全力攻扑东口，炮声一响，我小雷艇十畏葸，擅由西口逃去，倭分队尾追，被其获去九只，余被击沉。以我艇资敌用，其害与南台同。自雷艇逃后，水陆兵心散乱，如十六七日援军不到，则船岛万难保全。各艇既不得力，且复擅逃，其官弁人等，必由浅沙登岸，务请各帅严拿正法。以上情形求转禀等语。端查小雷艇管驾，如有来津，应即拿获正法。请代奏。

412.复译署

（光绪二十一年正月廿三日午刻　1895.2.17）

养电谕旨敬悉。暂留海军提督丁汝昌、海军右翼总兵刘步蟾、统带淮军护卫营记名总兵张文宣死事情形，迭据刘含芳转据德兵舰在威海目击属实，已屡电请奏。兹复据刘含芳电，丁提督于未被围之先，已派员将水师文卷送烟，誓以必死，孤忠惨烈，极可悯伤。应请旨将该三员先行敕部，从优赐恤，并恳将丁汝昌所得处分开复，以示大公。至吴育仁驻守北塘，布置大略，已于上年冬月豪电、本年正月齐电详奏在案。昨又奉电旨饬复，又派道员刘启彤往该营确查。据复称，操练甚属认真，海口水雷密布，两岸旱雷埋设至二十余里外，设遇有警，堪资扼守等情。该镇人虽长厚，任事朴勤，并无实在劣迹，即更换有人，未敢谓彼胜于此。况兵非素习，地势不熟，且恐纷更误事。局外言者，并未亲至该处察勘，未便据以为实。前奏调聂士成回驻芦台，就近策应，并兼顾北塘迤北一带后路，聂、吴气谊投洽，必可缓急相助，请纾圣廑。乞代奏。鸿。

413. 刘道牛道马道来电

（光绪二十一年正月廿八日夜到　1895.2.22）

初九日戴道宗骞，十七日刘步蟾，十八日丁军门、张镇文宣，二十日护左翼总兵杨用霖，均先后殉难。水陆阵亡者二千余人，受伤能医者三百余人，生还者水师约三千余人、陆队约一千六七百人，百姓约三四千人，护军营官袁雨春、李春庭、余发恩，水师管驾官叶祖珪、邱宝仁、林国祥、李和、林颖启、萨镇冰、程壁光、蓝建枢、吕文经、黄鸣球，陈镇培、林文彬、潘兆培及大、二副，正、副管轮，精练后营营官刘学礼，学堂委员李继纲，机器厂委员张尔梅、杨作宾皆同来。陆路现未到齐，逃亡尚未查清。水路民船来者，风浪击破淹冻而死者一、二百人。昨“康济”装烟兵、民一千有零，忠柩六具，内丁、戴、刘、杨及已恤之“济远”大副沈寿昌，未恤之“广丙”大副、蓝翎尽先都司、广东大鹏协右营守备黄祖莲，于正月初五日奋勇抵敌，中炮阵亡，应请附奏。惟张镇文宣忠柩，该营差弁，不听分说，强用民船，不上“康济”，至今未到。现派差分投迎探，风大尚未寻着，已到之柩，均暂停书院，外国提督、领事均来吊慰。水师腊饷领而未发，正月未领，现会同严道道洪拟发至正月十八日止。巩军日岛官弁四十九人，已经刘超佩借领湘银一百九十二两七钱。护军四营饷，另电禀。含芳、昶炳、复恒。宥。

卷　四

光绪二十年盛宣怀电稿中的丁汝昌资料辑录

1.刘公岛丁军门

（光绪二十年五月初一日　1894.6.4）

韩廷乞援，已电奏。叶军门带精队千数百人乘商轮赴援，初三四行。袁电拟令商轮由沔口至牙山登岸。图载沔在仁川南，未知牙山水深若干尺，有无礁石，距仁川若干海里。贵军想有详图，乞查明电示。陆队须兜截全州北路。图载静山口比较牙口如何？宣。东。一等。新新法。初一。

2.致盛道台

（光绪二十年五月初二日　1894.6.5）

沔，敝军未曾历。据海图，由仁经沔至牙山四十五海里，水深七拓至十拓左右，沙线多。静山未详，须韩人领港方妥。昌。（五月初二日上午八十三十分发）

3.成欢叶军门

（光绪二十年五月廿日　1894.6.23）

丁电添援兵船叁只，已到仁川。宣。密。

4.刘公岛丁军门

（光绪二十年五月廿七日　1894.6.30）

已饬烟局各处，电线通阻随时禀报尊处。榆至锦线阻已三日，蒙派“镇海”“遇顺”往来烟、旅传递，已电烟、旅、汉城照办。倭情叵测，俄使调停无把握。闻倭运鱼雷、水雷，尚未知运至何处。宣。沁。密。

5.刘公岛丁军门

（光绪二十年五月廿八日　1894.6.31）

倭军陆路炮甚多，叶军仅有田鸡炮，太单。祈由贵军拨水师上岸炮八尊或六尊并药弹，送交叶军应急。至要至恳！珩、禄、宣。密。

6.军械总局张大人鉴[1]

（光绪二十年五月廿八日　1894.6.31）

新法。前派兵去韩，为平匪起见。现乱已解，我兵驻牙，似不相宜。倭衅已露，汉江一路，彼已先踞。牙防水路接济较难，即由北路进去韩京，亦为倭阻，难以联络。现若阳言匪散，牙兵撤防，一面改扎大同江，赶备鱼、水雷船只，并接电至平壤，抢先布置，严守要地，免韩沿海尽被占先，

〔1〕军械总局张大人，指张士珩，时任天津军械局总办。

继有大队由义州进剿，方无隔阂，水路军需亦易周转。此系大帅权衡，何敢参议。惟时局所系，难守缄默。倘帅与公商酌，便中代陈各采。如何定议，尤望速示。昌。

7.刘公岛丁军门

（光绪二十年六月十三日　1894.7.15）

商轮现须运兵，无可分拨。十四“承平”装煤到威，公如即行，可令原船带煤随驶，如行期尚缓，速饬回再装，下次留威，候电示与开平定夺。公与楚宝函，舍汉江守大同，相首肯。商轮往载叶军改进大同，必赖得力兵轮五艘护送，即留驻守。窃料敌。必争大同，似非小船三只所能办，乞密酌示。宣。元。十三午。

8.丁军门致盛大人

（光绪二十年六月十三日　1894.7.15）

“承平”下次装煤随行，约来得及，究不如“富平”多载。五艘护送，已有拟议电帅。诸公如与参画，务熟权轻重，致全力收要著，始足有济。统候帅酌示遵行。再，可转诸电叶军先数日视民船装齐，轮到即上，较妥速。若似当日进兵情形，陆续退回，尤不显迹。昌。

9.刘公岛丁军门

（光绪二十年六月十五日 1894.7.17）

胶州现有格鲁森五十三密里四十倍长快炮十尊，三十七密里三十倍长车轮快炮八尊，连弹子、无烟药均到齐。相谕知会尊处，可派船赴胶运来配水师用，罗稷臣云：炮架旅厂可造。除电鼎臣外。宣。望。

10.刘公岛致海关盛大人

（光绪二十年六月十五日 1894.7.17）

快炮费神，已派“康济”去胶运。“承平”候到暂留，筹有较大船，勿易。“美富”到，赶卸，当饬如期到旅。昌。

11.刘公岛丁军门

（光绪二十年六月十六日 1894.7.18）

“富平”已往他处。“承平”十五晚开赴威海，望即留下，跟大队出巡。惟煤未装袋，请自办口袋另装。此间现无他船可控，只得留下“承平”一法。乞酌复。宣。

又，“美富”十五午由沪开威，带来米二千，望饬靠码头速卸，并请饬知“美富”船主、买办，由威直放旅顺，二九必要到旅。乞复。宣。谏。

12.刘公岛致关署盛大人

（光绪二十年六月十六日　1894.7.18）

袋已购备五千。蒙寄三万二，尤妙。电本已收到。昌。（下午四时三十三分发）

13.刘公岛致盛大人

（光绪二十年六月十七日　1894.7.19）

“承平”昨到，令候随行，候“利运”到，赶装水雷等件。八船升火须六点钟方可行驶。何日护商轮赴某处，请探明，先电知，免临时耽搁。昌。

14.刘公岛丁军门

（光绪二十年六月十七日　1894.7.19）

今早拟定英旗三船及“镇东”分期赴牙。相已电公，只要牙山口外数船游护。现英领事不允英旗装兵，已商英使，如仍不允，只好改用局船，仍须八船护送，定期再预电达。惟牙口民船只敷驳千人，仍拟先去一船，如有倭阻，下次再改舒川。相虑舒川无驳船，可否烟台密雇至威，再派“遇顺”“利顺”拖送舒川，乞筹示。宣。霰。

15.刘公岛丁军门

（光绪二十年六月十七日　1894.7.19）

“致远”装炮到威，请询船主，若无津货，即直放旅顺，乞电复。宣。

16.致刘公岛丁军门

（光绪二十年六月十八日　1894.7.20）

十九江寿庵带两营坐英旗“爱仁”轮船赴牙，相谕调“遇顺”即往牙口帮同起驳。且电鲁卿，饬“遇顺”先至威海再赴牙。如在威、烟，望就近催去，只须驳速，可放心。宣。啸午。

17.刘公岛丁军门

（光绪二十年六月十八日　1894.7.20）

因叶电只有驳船卅只，救十九先放“爱仁”一船，廿一再放“高升”，廿三再放“飞鲸”。贵部驻牙，须俟各船卸完，方能放心。英国尚介绍议和，似无他虞。宣。啸。

又，“富平”廿一装煤，廿三到威。如准令“承平”回津，则“富平”即在塘沽装袋再运。乞示。宣。

18. 刘公岛致盛大人

（光绪二十年六月十八日 1894.7.20）

帅谕威防存煤万吨，现差甚远。“承平”本拟令随行，顷奉帅电令，酌派数船赴牙游巡，大队未动。倘矿局日内另有大船煤来，则令“承平”卸煤，返津再运，以免旷时；否则只好不动，留备要需。望询确示复。再，“致远”十五在威卸炮，即晚出东口，绕西赴津矣。陆兵牙口登岸，路远，请帅电叶，早多备驳船，免旷时日。昌。

19. 刘公岛致盛大人

（光绪二十年六月十九日 1894.7.21）

啸三电顷方到，“遇顺”等拖船往舒川，道远不便，昨夜已电告玙。昌遵帅谕备三船，廿早九点开牙，俟人马下清后始巡洋而回。若有因旗更动，务飞速电告。俟得复方饬船行，切盼勿延。昌。效申。

又，盛大人；刻“利运”到，函件收悉。赴牙兵船陆续前往，又挂他旗，叶已备船候驳。昌遵帅谕派“济远”“威远”“广乙”三艘到牙巡护，似不必更张。舒川口生，雇船或难。“遇顺”“利顺”拖驳宜于大同，若往舒川，路远不便。“威远”前二日由大同回，探无倭船。若何进兵，未奉帅电。和运本拟充装雷械随守大同，现动静未定，只好留俟。昌乏策万全，愚见前已尽达。外议听之，海军进止，专候帅裁。昌。巧，成。（此电十八日发）

20.威海、刘公岛丁军门、戴统领

（光绪二十年六月廿四日　1894.7.26）

“海晏”“丰顺”“新丰”“普济”“镇东”“新裕”各轮船，日内均从大东沟卸空赴沪，若过成山一路，遇有倭船，必为所掳，求速派一兵船在威海口外轮行必经之路，阻止各轮，令即回津。千万切托。何船阻回，并求速示。宣。

21.刘公岛丁军门

（光绪二十年六月廿四日　1894.7.26）

盛军五营、毅军四营已入义州，廿四早“新裕”“图南”“拱北”、廿五早“海定”装兵赴大东沟，此四船及“致远”“图南”均令卸空回津。宣。

又，两电悉。局船有“海晏”“新丰”“丰顺”“普济”日内自东沟赴沪，如相遇，请饬回天津。贵军游弋如遇倭商船即行擒获。奉相谕转致。宣。

又，“晏”“新”“丰”“普”廿三东沟开沪，乞派一船在威海口外阻令回津，千万感激。宣。

22.刘公岛致盛大人

（光绪二十年六月廿四日　1894.7.26）

倭先开炮击我兵船，且将汉城、仁川华商监禁，我亦当有以处之。仍令在华倭人自如侦探，并不拦截倭商船，无此办法。应如何酌禀定夺？请议定示知。昌。

23.烟刘芗翁

（光绪二十年六月廿四日 1894.7.26）

顷丁军门电：刻率队回威，相机再进。成山头电通，务饬该局凡遇由东而来兵商各船即时电告，切勿延误云。瞭望轮船，须责成灯楼洋人，或由丁军门派员带千里镜驻灯楼专司其事，方免延误。电报学生只好打电报也。乞速酌定。宣。沁。（此电兼致刘公岛丁军门）

24.刘公岛丁军门

（光绪二十年六月廿四日 1894.7.26）

东沟各船廿四开回沪，不过威海，必走成山，乞查探有无失事？电示。宣。（午前十二点三十三分）

25.刘公岛致盛大人

（光绪二十年六月廿七日 1894.7.29）

刻率队回威，相机再进。成山头电通，务乞饬该局，凡遇由东西来兵商各船即时电告，切勿延误。至要。昌。感。

26.刘公岛致盛大人

（光绪二十年六月廿八日　1894.7.30）

沁电悉。成山电局当派学生带勇各二名，携千里镜帮同瞭望，告由电局速报，各慎责成，火费在局同开，若干日后总截付。希电饬灯楼洋员须饬其留意。昌。

27.刘公岛丁军门

（光绪二十年六月廿九日　1894.7.31）

“重庆”船主看见庙岛泊一倭兵船，能否打之？宣。密。

28.旅、大、烟、刘公岛、青岛

（光绪二十年七月初六日　1894.8.6）

“飞鲸”船见倭有快铁舰在成山游弋，“通州”船亦见黑水洋有倭舰，且追之。祈留意。宣。

29.旅顺、金州丁军门、龚鲁翁、刘总统

（光绪二十年七月十九日　1894.8.19）

"新裕"十九申刻出沽口。二十早先到大连湾起卸军火，即到旅顺卸左贯翁炮十二尊，请鲁翁代收民船运九连城。"新裕"空后，即请丁军门令其回津。宣。效。

又，丁提督来津，已与约定，敌船再闯入北洋门户，即与海战，并多募英、德将弁，以助闽人胆气。效。十四号。

30.旅顺丁军门、金州刘军门

（光绪二十年七月廿日　1894.8.20）

成山电，远望有船五只在西北停轮。望确探，无倭船，再令空船回津。宣。急。

31.旅顺刘公岛；龚鲁翁、丁军门

（光绪二十年七月廿三日　1894.8.23）

养电悉。宋宫保允行，所筹极是，弟等感佩，相亦谓然。但现在吴清帅奉旨带队北来，只好缓议。叶、聂今早已抵平壤，馥、宣。潇。

32.刘公岛致盛大人

（光绪二十年七月廿五日　1894.8.25）

“图南”明日回沽。现海上平静就好，大可知会矿局，赶调各“平”亟运煤来威。至要。昌。

33.刘公岛丁军门

（光绪二十年七月廿五日　1894.8.25）

燕谋电，老五槽日出二、三百吨，不能大批装运，无庸局船，自难护送，总期封河前运完三万吨，明日“丙”“平”到旅，乞多备小工，起卸能速，转运亦速。宣。有。

34.刘公岛丁军门

（光绪二十年七月廿七日　1894.8.27）

以后局船不运煤到威。帅饬设猴矶岛水线，瞭望敌船。水线日内运烟，请派一轮船运至登州，放线至长山岛，再由长山放至猴矶，两三日可完工。派定何船？乞示。宣。行军。

35.刘公岛致盛大人

（光绪二十年七月廿七日　1894.8.27）

由烟赴登至猴矶岛，均内海，民船最为稳。粮如何？电复。昌。

36.刘公岛丁军门

（光绪二十年七月廿七日　1894.8.27）

粮事不知。猴矶岛用民船，已询芗翁。宣。

37.刘公岛致盛大人

（光绪二十年七月廿七日　1894.8.27）

威只一码头，“致远”[1]舱深口小，起卸甚艰，工费时久。请嗣后商轮运煤交旅靠搁，起卸较便留威码头，俾矿局煤到速卸，免两延。昌。沁。

---

〔1〕此处的“致远”指招商局商船“致远”号，与当时北洋海军的巡洋舰“致远”重名。

38.威海丁军门

（光绪二十年八月初八日　1894.9.7）

今德公密禀中堂，以现在长崎空虚，若我舰过成山由南而东直捣长崎，得胜即回扰仁川，来往不逾七八日，皆攻其不备，可以得手。现值倭兵分由元山、仁川等处上岸，又营韩南窟穴，船已分散。我阻整攻散，以实击虚，是好机会，不可失等语。帅谕：曙卿来电，倭兵正分路进逼，平壤危急。请海军助战或照德所拟办理，以寒其胆。是否能办，命弟密电尊处，即与汉纳根等妥筹。如果可行，请径禀帅夺。馥、宣。

39.刘公岛来电

（光绪二十年八月十一日　1894.9.10）

已派三船，十二送清帅[1]赴沽，十四到旅归队。昌十三率全军赴旅，俟三船齐，十五统开湾，候帅令。昌。卦亥。

〔1〕清帅指时任湖南巡抚吴大澂，字清卿。

40.刘公岛丁军门

（光绪二十年八月十一日　1894.9.10）

尊电帅阅，已电奏台端统全队到湾护送铭军至大东沟。查商局轮船前已到过多次，水深可泊，请即传询“致远”船主，可知其细。铭军四千人辎重不少，只能一起送往。但恐民船不多，非一日能上齐。海军须在彼候其全军登岸，方可回来。帅谕转达。宣。真。

41.刘公岛来电

（光绪二十年八月十一日　1894.9.10）

汉总查实军中在船奋勇洋员，加薪一倍，留威办事洋员加薪五成。前函电稷臣禀帅，迄无复电。乞询催即复，拱候勿延。昌。真。

42.刘公岛丁军门

（光绪二十年八月十二日　1894.9.11）

帅谕各洋员本请加倍赏恤，又请加薪，已令稷臣酌拟数目报闻。此事只须催稷臣可定。登州已派“拱北”往设水线，即在长山岛瞭望，设机通电。尊处宜派一妥弁驻岛瞭望。大千里镜有否？速示。宣。文。

43.刘公岛来电

（光绪二十年八月十二日　1894.9.11）

加薪事稷臣已复电。长山岛瞭望，敝处无人可派，亦乏大千里镜。前派学生赴成山，芗林据英领事电云，恐启敌疑，于灯塔不便。嗣只由灯塔洋人并电局瞭望电报，今长山、猴矶等岛宜仿成山办理。昌。文。

44.刘公岛丁军门

（光绪二十年八月十二日　1894.9.11）

长山岛无灯塔，已由海关商雇一人，购千里镜往办。今明日“爱仁”装义昌白煤千吨到威，请派人多用小工速卸，该轮急须来津。宣。文。

45.大连湾丁军门

（光绪二十年八月十六日　1894.9.15）

帅交删电，与矿局筹商赴运。据燕谋云：每月只能出老五槽七、八千吨，随出随运。若欲预存为封河期内用，须搭运新五槽、九槽，方能多运至旅顺。多储自较近便，乞酌复。宣。

又，丁军门：义昌白煤千吨，“爱仁”装好，十六沪开，船行甚慢，约十九、二十到威。已电牛心斋预起卸。乞再电留防兵船知照，该轮装运粤、沪军火甚多，二十能否派船至成山东迎探？乞酌。宣。谏。

又，丁、刘军门：大队未知何日能开？东沟过船不易，必须海军留护。卸空后商轮四，连“利运”五只，乞顺送旅顺，饬其自回天津。帅谕，拟再派商轮五，连“利运”六只，装送叶军门新招一千人，卫秩秋二千五百人，蒋衡之所带豫军二千人赴东沟，仍须贵军护送。约计商轮回津两三日即可开旅，届时请筹备在旅取齐。仍候示复。宣。谏。

46.全州刘军门、丁军门

（光绪二十年八月十七日　1894.9.16）

接安州聂功庭、义州吕道生电，倭兵已抄袭平壤之北，运道中阻。安州有盛军两营，聂俟吕到，即与叶商夹攻。相谕亟望贵部速行。据东边道电，船已齐集，即由东沟沙河入江。如能速抵义州，逐步近安州，将后路守住，再与前敌商夹攻之策。大局安危系乎此行，迟恐不及。宋祝帅已嘱料理续去，公十七能行否？乞示。宣。谏。一等。行军。巳。十七。

47.旅顺宋宫保、丁军门、龚道台

（光绪二十年八月廿一日　1894.9.20）

“承平”“永平”“拱北”装送桂字、和字五营，今晚出口，到老铁山口，望派雷艇一迎，卸空即令夜渡回津。东沟五船无信，急甚。烟台电：英国有七轮至鹿岛外。“利顺”所见，英乎？倭乎？“金龙”已到，明日装工匠来。宣。个。（行军）

48.旅顺丁军门、龚观察

（光绪二十年八月廿二日 1894.9.21）

子珍[1]来电，五船尚在东沟。廿一早已电各船主，令进赵氏沟，但未知有无生机。可否求禹翁派鱼雷艇或求鲁翁派小轮沿边往东沟与各船主言之。感甚。宣。

49.旅顺丁军门、龚道台

（光绪二十年八月廿二日 1894.9.21）

东沟廿日亥电：运船五只均在赵氏沟停泊，潮水深一丈五六尺，约离东沟泊锚处二十里外。据民船报：有倭船数只在口外下碇。弟想，若是倭船，必已进击。顷芗翁电，英提督率七船东行，与“利顺”所见相符。此时鹿岛之船是英、是倭，无从知觉，乞速设法派雷艇在沟口外巡探。若无倭船，即令五船回津。否则，五船老守，必被进击。从此，北洋无运船矣。探信之船，请悬重赏。宣。祃。一等。行军。万急。二十二。

---

〔1〕子珍，即时任铭军统领刘盛休。

50.旅顺丁军门、宋宫保、龚观察

（光绪二十年八月廿四日　1894.9.23）

烟台报，现倭两船挂龙旗向西北驶。而姜汉卿带队坐“富平”十二点已开旅。乞派鱼雷艇返探，能否设法保护？切祷。宣。急。

51.旅顺丁军门

（光绪二十年八月廿六日　1894.9.25）

胶州借用快炮十八尊，原带弹子七千二百出，火药三千六百出，应否添办开花弹若干，闻此次海战缺乏开花弹。卅半生脱、廿六生脱、廿一生脱大炮，需添开花弹各若干出？乞速电示赶办。宣。

52.烟台威海卫刘公岛：李抚宪、孙军门、刘观察、丁军门、戴、张统领

（光绪二十年八月廿九日　1894.9.28）

成山报，有倭人在龙须岛上岸，探水散钱而回。前月曾有倭船在石、俚岛量水。现奉、直海口封冻，恐倭船乘暇攻取威海，使我兵船无停泊处。而取威必从背攻，将以荣成各海口为皮子窝。一经大队上岸，便难抵御。若在海边防守，数千人可退敌。乞速钧裁。宣叩。艳。

53.旅顺丁军门

（光绪二十年九月初一日　1894.9.29）

海军子药，兄向不电弟，故弟全不知。今日械局交来各物，已运威一船。续解何物，姑询械局。尊电请添各件，除胶拨五十三密炮十尊，已添开花弹五千个，余已禀相饬局速办。另文奉复。宣。东。行军。

54.旅顺丁军门

（光绪二十年九月初四日　1894.10.2）

卅生半开花子已运威八十颗，并配药八十出。初十内外尚可造成八十颗。廿一生、十五生及各种栗药，初十日定可凑解若干，遵即运旅。惟廿六生于须外洋运到，所购亦仅七十颗。东局自造，外洋添购均不能速。爵。宣。行军。

55.旅顺丁军门

（光绪二十年九月初六日　1894.10.4）

东局函复，三十半生开花子二百七十颗，装好栗药一百二十出；二十一生、十五生开花子各五百颗，十五生装好栗药七百出；六寸口径炮用装好栗药一百出；以上弹药，昼夜加工，均本月底告成。惟二十六生药袋三十出备齐，向无此项栗药云。宣。鱼。行军。

56.旅顺丁军门

（光绪二十年九月初七日 1894.10.5）

军火已派德璀琳到东局设法催造。初十内外尽数解旅。汉纳根等亦已催行。旨准海军酌保人员。既已重罚，必有重赏，而后令行。洋将尤非厚奖不能买其死力。相谕，尊处尚未查详。此次不能多保人，望速择电禀。迟恐别处失机，则不能保。宣。行军。

57.旅顺丁军门

（光绪二十年九月初八日 1894.10.6）

东局函许，初十赶成卅生特半二倍八开花子八十颗，药袋配全；廿一生、十五生子各一百颗；铜拉火二千枝：十五生装好药袋七百出；六寸口径装好百出。惟廿六生药袋卅出，因不知几块为一层，几层为一袋。廿一生药袋前单所无云。弟准十一派船运旅。乞速示。宣。行军。

58.旅顺丁军门、龚观察

（光绪二十年九月十一日 1894.10.9）

电悉，子弹已装好“承平”“富平”，望速派“北河”来沽前导侦探。宣。真。行军。

59.旅顺丁禹翁、龚鲁翁

（光绪二十年九月十二日　1894.10.10）

“永平”“富平”装海师子药十三早潮开。望派“北河”迎探。“新裕”十四早开，徐剑农带两营来旅。十五“镇东”“图南”“拱北”装三营来旅。有无倭船，乞随时探示。宣。文。行军。

60.旅顺丁军门、徐军门、龚观察

（光绪二十年九月十八日　1894.10.16）

“镇”“拱”“图”三船未到，不知在何处避风。恐有不测，望即派“北河”及雷艇赴各岛探听。宣。

61.威海丁军门

（光绪二十年九月廿一日　1894.10.19）

有倭船九只在成山后，昨下午四点钟，“美富”大沽开，请速派船出口，令“美富”暂进威海避之，“海定”昨进炮子到旅，望派人验收。宣。一等。行军。急。二十一。

62.威海丁军门

（光绪二十年九月廿三日　1894.10.21）

尊电相已转健帅。顷奉谕：石岛倭船似系守截军火。应派侦探系何样兵船？能否用铁甲击沉之，为邓世昌等报仇。已电鲁卿，派“北河”往探，驰告尊处。黑满明日禀辞。汉纳根当不能来，宜邀之。宣。

63.威海丁军门、戴统领

（光绪二十年九月廿三日　1894.10.21）

德国“阿里克”兵船今日到威海。宣。明。

64.刘公岛、威海丁、戴

（光绪二十年九月廿八日　1894.10.28）

寇渡江，我兵溃，边门已危。张燕谋云：旅、威各存煤一万吨，烟台存一万吨，过冬想可敷用。局造子弹解威，或解旅？乞示。宣。

65.刘公岛丁军门

（光绪二十年九月廿九日　1894.10.27）

倭已渡江，我军退边门，彼此伤亡甚众。又有卅余船至复州交界处上岸，距湾百数十里。湾、旅电线恐为阻断。“北河”在威否？如旅电阻，须派“北河”送报赴烟，请告孝侯。宣。

66.旅顺丁军门、龚道台

（光绪二十年十月初五日　1894.11.2）

“海定”“图南”“广济”初五下午四点趁潮出海。“镇东”初六下午开，装有三十半生炮子，亦须保护。宣。

67.旅顺丁军门、龚观察

（光绪二十年十月初六日　1894.11.3）

马格禄云，“北平”船慢，不能送电报。请禹翁留一鱼雷艇交马格禄带，可送电信。允否？乞示。汉纳根在京，赫克满等在烟、威。宣。

68.旅顺军门、龚观察

（光绪二十年十月初六日　1894.11.3）

"图南""海定""广济"卸空候弟电。即令赴登州装夏辛酉所带四营渡旅，并须海军护送，已电香林速办。要米粮、子药若干？速示。后恐阻塞。宣。

69.旅顺丁禹翁、龚鲁翁、黄松翁、姜汉翁、程平翁、卫秩翁、夏庚翁、赵小翁、徐见翁

（光绪二十年十月初六日　1894.11.3）

请阅昨寄细图。貔子窝至金州路皆宽，惟有南关岭起、土城子止，宽止十里，中有山岭，形如峰腰，西人皆称可守。若调十营扼扎山岭，多安炮位，平路多设地雷，当可紧守。一面再调兵接应。如能守住南关岭，不使越过，统领、营官当邀破格恩爵，弁兵重赏银两，决不食言。如何布置赏罚之法，候示，即当详定立案。但南岭必须安炮。如无炮可移，水师所借胶州快炮十八尊似可移用。如旅顺一失，海军亦不得了。卫达三已拿问，其势不能不拚，然舍南关岭不守，过此恐不能守。乞酌示。宣。一等。行军。初六。

70.旅顺来电（烟台转）

（光绪二十年十月初九日　1894.11.6）

湾吃紧，电不通，船坞工匠人等纷纷告去，不日恐有停工之势，龚道甚为难。现水师在旅亦有三难：一、湾有失，敌兵必捣旅后路，我师船在口内，不能施展，无以为力；二、敌船来攻，口门窄小，不能整队而出，且“定”“镇”必须候潮，若遇急，冲出不易；三、口外寄泊敌舰过多，夜间来攻，我船尤少快炮，尤难防备。候示遵行。汝昌。

71.烟芗翁转寄丁军门、龚观察

（光绪二十年十月初十日　1894.11.7）

贾理达、马格禄今夜赴旅，“镇东”装炮子、米粮，今夜十点出沽，望接护。唐沅圃、汉纳根候“北河”即来，鼎臣八营由登州民船来南关岭，望速设法布置，多埋地雷为要。宣。蒸午。

72.刘公岛来电

（光绪二十年十月十七日　1894.11.14）

昌自旅回威，与宗骞熟商，南路成山、石钩岛一带实在空虚。封河后倭必改犯海南石钩岛，遇北风易登岸。威十一营只能守近岛，不能远剿百余里外。其时津队不能渡，必蹈皮子窝覆辙，可胜危虑。骞力战，昌力援，地太阔，兵太单，终无把握。脱有疏虞，惟以身殉之，奈要口不保，南北洋阻隔，师船纵存，亦无屯处，大局如何挽回？以大势论，鼎臣[1]八营实应留顾威南。千乞两公速决大计，力请于中堂，止勿东渡，改扎石钧岛，另派他军援旅，尚可望两全。此外，如有善法亦乞早筹，迫切请裁定赐复。汝昌、宗骞。

73.刘公岛丁军门

（光绪二十年十一月初七日　1894.12.3）

营电，倭贼在感王寨为宋帅击死千余名，颇有怯意。足亦半在雪地冻伤，若得劲旅进剿，可期得手云。岘帅放钦差。关内外已有三百四十营。张、邵使倭已定。孝翁同览。宣。一等。行军。初七。

74.刘公岛来电

（光绪二十年十一月十五日　1894.12.11）

刘公岛周环廿余里，护军三营两哨守台，并派边巡哨，冀抽游击，临时实觉不敷分布。前禀帅请添三哨以足四营之數，以期同防。帅意恐无军装，空手无益。兹询张镇，据称现余军装足充三哨之用。似此一时赶募赶操，信可得力。应恳婉陈帅座，倘蒙允行，乞速复转知赶办。再，该军前招工队三百名，本为安炮而设，俟炮安好，即行禀拨。昌。

〔1〕鼎臣，指嵩武军将领章高元，字鼎臣。

75.刘公岛丁军门

（光绪二十年十一月廿日　1894.12.16）

子梅[1]电复，麻袋万个，计规银八百廿五两，今晚装“公义”至烟，提单寄烟，交合顺云。宣。廿。

76.刘公岛来电

（光绪二十年十一月卅日　1894.12.26）

艳电敬悉。石、俚岛添防，前在津与公等商帅，已坚请留鼎臣。实见威防兵力抽队远去，守益不足，现惟求鉴帅策应方妥。师舰现情不再琐陈，惟审定因应，临时悉数一拚而已。昌。

77.威海戴孝翁、刘公岛丁禹翁、张达翁

（光绪二十年十二月初三日　1894.12.29）

粮台有白籼五千石存烟，如尊处需米，可照原价就近拨用。宣。（午后一点五十七分）

---

〔1〕子梅指招商局委员沈能虎，字子梅。

78.刘公岛丁军门

（光绪二十年十二月初七日　1895.1.2）

营电，倭贼在感王寨为宋帅击死千余名，颇有怯意，是亦半在雪地冻伤，若得劲旅进剿，可期得手云。岘帅放钦差，关内外已有三百四十营，张、邵使倭已定。孝翁同览。宣。

79.刘公岛丁军门

（光绪二十年十二月初十日　1895.1.5）

蒸电悉，开平工匠十九名订定三个月，除津付一个半月外，应再找发一个半月辛洋壹千贰百玖拾玖元。宣。明。

80.刘公岛丁军门

（光绪二十年十二月廿日　1895.1.15）

已电成山，洋报列一等。盖平失守，杨寿山阵亡，宋军吃不住。张、邵在沪过年，讲事必不能成。春融敌舰继进，更吃紧。公与孝翁有妙策否。宣。

81.成山丁军门电

（光绪二十年十二月廿日　1895.1.15）

成山洋人报何国商兵船明白。伊请准归官报。请告成山局，准该洋人凡军情报威、刘公岛，列一等云。该洋人用洋文报洋船，自较明白，应准列一等代发。汝仍照报勿误。宣。

82.刘公岛来电

（光绪二十年十二月廿一日　1895.1.16）

敌势北趋，惟有速加劲旅策应。宋军外，再借蒙古各王马队，不必前敌，专事绕后包抄以破敌阵，如鲍爵帅、多将军敌陈玉成之法，当能有济。和事必有头绪，张，邵方出会议，何以必不能成，乞密示。昌。

83.刘公岛丁军门

（光绪二十年十二月廿七日　1895.1.22）

十月，招商局蔚霞代雇炮手洋人一名，沈子梅垫付用资洋一百元。又“爱仁”船驳煤费二千四百廿三两六钱，是否由支应局应近咨领归垫？乞复。宣。

84.威海刘公岛丁军门、戴、张统领、烟李抚宪、孙军门、刘观察

（光绪二十年十二月二十九日　1895.1.24）

成山报，有倭人在龙须岛上岸，探水散钱而回。前月曾有倭船在石俚岛量水。现奉直海口封冻，恐倭船乘暇攻取威海，使我兵船无停泊处。而取威海必从背攻，将以荣成各海口为皮子窝。一经大队上岸，便难抵御。若在海边防守，数千人可退敌，乞速钧裁。宣叩。艳。一等。行军。二十九。

卷　五

丁汝昌生平相关重要史料

1.《丁氏宗谱·卷之十》

先达，诰授光禄大夫赏穿黄马褂赏戴双眼花翎西林巴图鲁正一品封典北洋海军提督，讳汝昌，字禹廷，生于道光十六年丙申十月初十日巳时。配钱公蓄千之女，诰授一品夫人，生于道光十八年戊戌二月十五日午时，生子二：龄、禧。禧，随父兼祧志宏公。钱妣卒于同治十一年壬申二月十三日申时，葬无为州西乡开四汎小鸡山梅花地葵丁兼子午向。继配湖北安陆府钟祥县太学生魏公湘清三女，诰授一品夫人，生于道光三十年庚戌正月二十九日亥时。公卒于光绪二十一年乙未正月十八日辰时。初，甲午日人犯顺，海疆戒严。八月十八日，公率铁舰巡洋遇敌大东沟，鏖战竟日，身受重伤，幸未死。厥后，旅顺失守，日军进逼，公坚守刘公岛，亲励将士，血战数十旬，延至乙未正月，饷尽援绝。兵困弹穷，遂仰药死。生平功绩、详传并载邑志。魏妣卒同年十一月三十日辰时，从容就义，立节殉夫，旌表建坊。

2.李鸿章奏保丁汝昌片

（光绪三年十月二十二日　1877.11.26）

再，军功保举记名提镇各官，前经兵部奏明定章，令各督抚大臣查明在营在籍，遵照迭奉谕旨，出具考语，送部引见等因。兹查有记名简放提督丁汝昌，于同治元年投效淮军，历充铭军营哨、统带各官，转战南北，剿平发、捻各逆，靡不奋勇当先，迭保以总兵遇缺尽先题奏，并加提督衔。九年随提督刘铭传赴陕援剿，委统铭字右军，十一年九月剿抚甘肃奇营溃勇，尤为出力，经前陕西抚臣邵亨豫保奏以提督记名简放，旋经部驳，续由邵亨豫奏，奉同治十三年正月十一日朱批：丁汝昌仍著照原保以提督交军机处记名，请旨简放。该部知道。钦此。旋于是年四月交卸离营，并无经手未完事件。兹由营务处海防翼长遇缺题奏按察使丁寿昌禀请给咨赴部引见等情前来。臣查丁汝昌忠勇朴实，晓畅戎机，训练严明，堪胜专阃之任。该员系记名简放提镇人员，除照章给咨赴部引见听候简用外，理合附片具陈，伏乞圣鉴。谨奏。

光绪三年十月二十五日，军机大臣奉旨：知道了。钦此。

3.丁汝昌叩谢天恩折

（光绪三年十一月二十一日　1877.12.25）

钦加提督衔遇缺题奏总镇统领铭右全军协勇巴图鲁丁汝昌，奏为恭谢天恩仰祈圣鉴事。本月十九日经兵部将奴才带领引见，奉旨：发往甘肃差委，钦此。窃奴才籍隶皖北，一介庸愚，于同治元年投效淮军，转战江浙皖楚东豫直隶陕甘等省，洊擢今职，涓埃未报，兢惕方深，兹復渥荷圣恩，准予发往，闻名之下，倍切悚惶。伏思甘肃为边檄之区，提督有专阃之责，奴才滥厕行间，深惧未克胜任，惟有矢勤矢慎，勉竭驽骀，以期仰答高厚圣慈于万一，所有奴才感激下忱，谨缮摺叩谢天恩，伏乞皇太后皇上圣鉴，谨奏。光绪三年十一月二十一日。

4.李鸿章复察哈尔都统穆(图善)函

(光绪四年正月十一日 1878.2.12)

春岩仁兄大人麾下：顷奉冬月二十九日惠书，敬审望重登坛，勤宜保塞，作蓟辽保障，三辅无尘；荷纶涣之褒嘉，九重有喜，引詹英采，式协愉忱。弟久领畿符，频更岁绾。梅笺远寄，值绮陌之春回；兰楫同操，喜前旒之近接。专泐复贺任喜，敬颂勋祺。摹壁晚谦，不具。愚弟李鸿章。

再颂另笺，借聆一一。丁提督久从征役，颇著勋劳，上年给咨引对，奉旨发往甘肃差遣。鄙意拟为留直，亦以甘肃现系军务省分，未免踌躇。但伊万无能去之理，容再妥酌奏办，承询并及。专泐，再颂时祺。弟李鸿章又顿。

5.李鸿章奏留丁汝昌片

(光绪五年十月十六日 1879.11.29)

再，记名提督协勇巴图鲁丁汝昌，久随臣军转战南北，统带铭军，剿平粤、捻各逆，迭著战功。嗣因交卸营务，光绪三年秋间给咨赴部，十一月二十一日蒙召见一次，奉旨发往甘肃差遣，复因回籍措资，行至天津伤病复发，呈请咨部展限在案。臣查该提督丁汝昌，干局英伟，忠勇朴实，晓畅戎机，平日于兵船纪律尚能虚心考求。现在筹办北洋海防，添购炮船到津，督操照料，在在需人，且水师人才甚少，各船管驾由学堂出身者，于西国船学操法，固已略知门径，而战阵实际概未阅历，必得久经大敌者相与探讨砥砺，以期日起有功，缓急可恃。臣不得已派令丁汝昌赴“飞霆”等炮船，讲习一切；新到各船，会同道员许钤身接收。该提督颇有领会，平日借与中西各员联络研究，熟悉风涛，临事或收指臂之助。合无仰恳天恩，准将记名提督丁汝昌留于北洋海防差遣，以资造就。理合附片陈明，伏乞圣鉴训示。谨奏。

光绪五年十月十九日，军机大臣奉旨：著照所请。兵部知道。钦此。

6.李鸿章奏保丁汝昌片

（光绪七年十月十一日　1881.12.2）

再，此次记名提督丁汝昌，赴英带船升旗回华，欧洲诸国始知中国亦有水师，群起而尊敬之。叠据出使大臣曾纪泽、李凤苞函称，该提督在英随班谒见君主，待以优礼。因与各部尚书、各国公使往复周旋，并游历英、法、德各营垒厂局，各提督管监督等，均殷勤接待，讨论军实，藉扩见闻。所带弁兵二百余人驻英半年，训练约束，和辑商民，传播新闻纸，津津乐道。洵足尊国体，而固邦交。该提督曾在长江水师管带炮船，嗣随刘铭传统带铭军，转战南北，功绩卓著，干局英伟，忠勇迈伦。自五年十月臣奏派该员督操蚊船，与中西各员研究观摩，颇有心得。今又出洋，多增历练。臣详与谘询于西国船炮制造之妙，体会更深。顷委以统领北洋水师重任，督同员弁切实讲求操练，以期渐成劲旅，可收指臂之效。目今水师人才尤为难得，该提督久经大敌，远涉重洋，谋略机宜，均臻妥洽。合无仰恳天恩，另单存记，破格擢用，遇有水师提督缺出，即予简放，以备折冲御侮之选。谨附片据实密陈，是否有当，伏乞圣鉴。谨奏。

7.李鸿章奏保丁汝昌马建忠片

（光绪八年八月二十九日　1882.10.10）

……记名提督新授天津镇总兵西林巴图鲁丁汝昌，久历戎行，才明识定。前往英国督带快船回华，创练水师，讲求西法，能耐劳苦。此次扬威域外，足张国体，拟请赏穿黄马褂……

8.丁汝昌《诰授建威将军皇考尧臣府君行述》

（光绪十五年　1889）

皇考府君讳志谨，字灿勋，号尧臣，於斯府君次子也。以咸丰元年六月十六日弃养，距生嘉庆九年五月二十七日，春秋四十有八。越十有八年，汝昌效力军营，削平发捻，诰授振威将军，又十年忝补天津镇总兵，晋封建威将军。呜呼。我皇考虽不克荷宠于生前，而锡爵受封、荣光身后，非其懿德懿训有待于数十年后以膺斯耶。府君三岁失怙，先王母鲍太夫人守节自誓，以养以教。迄至成人，貌魁伟，笃于孝慈，事鲍太夫人，先意承志，虽甘旨不充，然时时学莱衣起舞，博老人欢，太夫人恒顾而乐之。及太夫人辞世也，家道萧条，又值频年洪水，无一丝一粟可营丧事。府君哀感有加，竭力称贷，卒尽丧礼。识者叹其至性纯笃，而卜家运兴隆理无爽者。先，先王母未终之三载，先妣患病殁，时府君年三十有五，汝昌生甫数月，先王母谓：鞠哺乏人，宜续娶。府君曰：继母能慈者不多见，儿何忍母孙滋累也。顾内侍需人，亦当择求贤孝者。后配周妣，未几亦殁。由是，父而兼母，内外事咸经理焉。迨汝昌稍长，延师课读，虽家极困乏，敬礼周至。见汝昌怠倦[1]，辄加扑挟。然隐隐声与泪俱间作，好语以慰曰：吾家世多隐德，汝能自立，岂终居人下耶。吾将有待于汝也，其勉旃。府君兄弟三人，伯曰灿猷，季曰灿谟，敦行友爱，老无间言。妣向太夫人，为庐江处士德全公女，来嫔丁门，事姑惟谨，以孝闻于乡党，事载邑誌，享年三十有四。子一、孙二、曾孙二、曾孙女一。于是略述梗概，以著先人之懿德懿训垂荫无穷。而小子汝昌才疏能鲜，忝窃高位，幸全大节而不辱先者，其来盖有自云。男头品顶戴统领北洋水师海防提督西林巴图鲁汝昌谨述。

9.署理北洋大臣王文韶覆奏查明丁汝昌等死事情形折

（光绪二十一年二月十三日　1895.3.9）

署理北洋大臣直隶总督云贵总督王文韶跪奏，为遵旨详查丁汝昌等死事情形，据实覆陈，仰祈圣鉴事。窃臣于光绪二十一年正月二十四日钦奉本日电旨："丁汝昌、刘步蟾、张文宣死事情形，虽据德国兵舰传述，惟情节究未详悉，仍著王文韶确切查覆，再候谕旨"等因，钦此。当经转饬山东登莱青道刘含芳，详细查明，据实具复，去后。兹据刘含芳会同威海营务处候选道牛昶昞、北洋海军营务处候选道马復恒禀称：

威海防务，南北两岸、刘公岛，水陆各军，自去秋七月初十日，倭舰来攻，时有战事，均经戴宗骞、丁汝昌等先后电报各在案。查正月初五日，倭以水师添载陆兵，于东口之东二十馀里登岸，会和荣成东来大股，扑犯南岸炮台。绥巩两军倚长墙御战，伤亡甚多，势不能敌，两军稍却。倭

[1] 原为"卷"，径改。

以大股包抄合击，丁汝昌亲登“靖远”督率“镇南”“镇西”“镇北”“镇边”五舰及各雷艇，齐向倭队轰击，约毙倭千数人，而南岸三炮台已为倭海上之兵攻入，戴宗骞率亲军退守北岸三台，南岸统带刘超佩因左腿受枪子伤，赴刘公岛医院医治。方南岸炮台未失之前，丁汝昌恐台有失，反资敌用，于初三日分派“左一”雷艇管驾王登云等伏地雷于炮下，苟至不守时，即自轰毁。讵守台官弁不许埋伏，仓猝之间，虽将膛后钢圈抢出，急切轰台，并未大损，故是日失台之后，倭即以龙庙嘴之炮击我舰艇，“广丙”大副蓝翎尽先都司广东大鹏协标右营守备黄祖莲中炮阵亡，舰兵均有伤亡。初六日，又派“来远”“济远”分击鹿角嘴、龙庙嘴炮台，亦未得轰尽。初七日，丁汝昌因北岸北山嘴守台勇丁渐有潜逃，恐北三台又为敌得，则岛舰无救，亲往商之戴宗骞，将北三台之炮预为轰毁，以除后患。是夜，戴宗骞吞金死。初九日，南岸三台之炮，倭已修好，与口外倭舰水陆夹攻，岛舰御敌，竟日伤亡已多。夜间倭以雷艇来冲，南口各台以快炮御击而退。初十日夜五鼓，倭雷艇乘月落后潜入南口，击伤“定远”，各舰艇御敌，将倭艇两艘擒获。至十一日天明，“定远”下沉。倭舰二十二艘猛攻两口，彼此互有伤亡。十二日寅刻，倭以雷艇六艘傍南岸山根偷进南口，击沉“来远”“威远”两舰、“宝筏”小火轮，三船官弁伤亡二百馀员名。至午后，倭于北三台山顶设快炮击我黄岛及舰艇，岛上居民男女老少数千人，麕集码头，哀求生路。抚慰方散。十三日寅刻，倭六艇两口齐冲，为台舰之小炮击退。天明，口外倭舰及两岸所失各台四面夹攻岛舰，东口三倭舰冲入鏖战，台炮击伤倭三舰，各舰方退。是日台舰弁兵伤亡三百馀员名，伤心惨目，莫可名状。早间开战之后，大小十三雷艇、“利顺”“飞霆”小轮皆逃，冲出西口而去。至夜，护军各营兵麕集码头，求放生路。丁汝昌、张文宣抚慰稍安。十四日寅正，倭六艇又冲入两口，放雷未中而逃。天明后，南三台倭炮又攻岛舰，“靖远”伤亡四十馀人，岛上学堂、机器厂、煤场、民房均有毁伤，岛内民人亦多伤亡，与各船水手又復哀求生路；丁汝昌晓以大义，勉慰固守，若十七日救兵不至，届时自有生路。十五日天明，倭以四十馀舰全至东口海外排列，以战船在前开炮，意将直冲进口，南北两岸又开炮夹击，至午初，“靖远”被赵北嘴大炮击沉，丁汝昌正在船督战，船沉之时，丁汝昌与副将叶祖珪坚意与船均沉，乃被在船水手拥上小轮船；护军以黄岛大炮回击鹿角嘴台，毁倒倭大炮一尊，东台炮伤其两船而退。是日，岛舰伤亡共一百馀人。十六日寅正，大雪，倭雷艇四艘乘雪偷进西口，放雷未中，为小炮击退。至辰正，两岸倭炮又乘风雪进口，放雷未中，仍被小炮击退。天明，口外倭舰、两岸倭炮又復水陆夹攻，倭舰仍前全列海外。巳刻，战舰十馀又直向东口冲入，东炮台大炮击伤倭两舰，各舰方退，南岸大炮犹攻不息。至未初，岛上东台大炮两尊均被南岸排炮轰毁，台勇尸骸散落满地。至晚，丁汝昌接电，催令冲出，知援兵无期，奈口外倭舰雷艇布满，而各舰皆受重伤，子药将尽，无法冲出，水陆兵勇又以到期相求，进退维谷。丁汝昌几次派人将“镇远”用雷轰沉，众水手只顾哭求，无人动手。夜间，舰艇又来攻击，“康济”中炮受伤，水陆兵民万馀人哀求活命。丁汝昌见事无转机，对昶晒等言，只得一身报国，未能拖累万人，乃与马格禄面商，不得已函告倭水师提督伊东云：本意决以死战，至船沉人没而后止。因不忍贻害军民万人之性命，倭军入岛后中外官兵民人等不得伤害等语，派“广丙”管驾程璧光送往倭船。程璧光开船之时，丁汝昌已与张文宣先后仰药，至晚而死。杨用霖以手枪自击死。以上各节，昶晒、復恒亲见确实情形。半月以来，其阵亡官弁兵勇之在海者，尸骨不及捞获，在岸者，随时掩埋。今运来七柩，为丁汝昌、刘步蟾、张文宣、杨用霖、戴宗骞、黄祖莲及牙山阵亡已恤之“济远”大副沈寿昌之柩，合并声明。等情前来。臣博采在津舆论，于张文宣、杨用霖均尚有恕词，其职分较小，各员事权不属，但能一死，便为全节。除饬刘含芳再将此外死事各员弁续行详细查明彙案禀请奏恤外，所有遵旨具奏缘由理合据实覆陈。伏乞皇上圣鉴。谨奏。

10.山东巡抚李秉衡奏查明丁汝昌死事情形折

（光绪二十一年三月初三日　1895.3.28）

降二级留任又降二级留任山东巡抚李秉衡跪奏，为遵旨详查丁汝昌等死事情形，恭摺复陈，仰祈圣鉴事。窃臣于光绪二十一年二月十五日，在莱州营次承准军机大臣字寄，二月初十日奉上谕："有人奏，闻刘公岛先后倭人将丁汝昌等五匶并兵民四千馀人送至烟台，铁甲鱼雷各舰均为倭掳，情节支离，未敢深信，请旨饬查等语。丁汝昌等死事情形，李秉衡相距较近，见闻必确，即著详细查明，据实具奏，原片抄给阅看。将此由四百里谕令知之。钦此。"仰见朝廷鉴死事之忱，復寓核实之意，钦服莫名。

查威海失后，"镇远"等铁甲及鱼雷各艇均为倭掳。正月二十四日，倭遣先经掳去之"康济"船并一民船运送丁汝昌、戴宗骞、张文宣、杨用霖等无匶，此外尚有沈寿昌、黄祖莲二匶，至烟台迤东之巍岱山，并先后遣放兵勇四千馀人至烟。

据东海关道刘含芳及北洋营务处候选道牛昶昞、马復恒禀称：正月初五日，威海南台先失，倭以龙庙嘴之炮击我舰艇，广丙大副守备黄祖莲中炮阵亡。初七日北岸全台俱失，戴宗骞吞金死。自初八日以后，倭将我南岸三台之炮修好，復於北三台山顶添设快炮，与口外倭舰水陆夹攻，岛舰迭被击沉。十六日，总兵刘步蟾将已沉之定远船用鱼雷轰散，於是夜仰药死。十七日，倭雷艇又从两口分进，并南岸台炮三面环攻。丁汝昌欲率各舰冲出，奈口外倭舰雷艇布满，兼以各舰行钝，无法冲出；而居民及水陆兵勇万人又哀求活命，丁汝昌乃与马格禄面商，函告倭水师提督伊东云：本意至船尽人没，因不忍贻害军民万人性命，属倭军入岛后，中外官兵民人等不得伤害，均应放回乡里等语，派广丙管驾程璧光送往倭提督船。程璧光开船之时，丁汝昌与张文宣先后仰药，至晚而死等情。

据此，臣查道员戴宗骞素敦气节，当倭势披猖，该员见绥巩等军将弁人各一心，即虑无以制敌，慨然有以死勤事之志。正月初七日南台失后，戴宗骞率两营守北台；迨兵溃力竭，即以身殉，忠义之忱，皦然共见，业经北洋大臣李鸿章具奏，仰荷天恩赐恤，可慰忠魂。总兵刘步蟾为“定远”管驾，十二日“定远”被倭击沉，刘步蟾恐为敌所掳获，十六日用水雷将船身轰散，即於是夜仰药死；船已与亡，志节凛然，无愧舍生取义。总兵张文宣为护军统领，正月初七日臣在烟台，接文宣来电，谓’刘公岛孤悬海中，文宣誓同队勇先用力、后用命’等语，是其致死之心，蓄之有素，卒能舍命不渝，亦属忠烈可嘉。护总兵杨用霖为镇远副管驾，该道等原禀未述其死事时日；闻大东沟之战，镇远管驾林泰曾潜匿不出，杨用霖力任战事，骽受弹伤犹坚立不退，其见危授命，当亦可信。此外如济远大副沈寿昌，系在牙山阵亡，已经奏请恩恤；守备黄祖莲，于初五日在岛澳中跑，更为人所共知。惟丁汝昌以旅顺失事，奉旨革职，拿交刑部，其历次罪案，已在圣明洞鉴之中。战败死绥，仅足相抵；倘日后有以请恤之说进者，朝廷必力斥其非，无俟臣鳃鳃过虑。至降倭之说，臣以为事即不虚，而敌方搆兵，既难责以归还，即无从加之以罪。若果死事属实，只可宽其既往之愆，此外固亦无从深论。是否有当，伏候圣明采择。

所有遵旨详查丁汝昌等死事缘由，理合恭摺具奏。伏乞皇上圣鉴训示。谨奏。

光绪二十一年三月二十日奉朱批：另有旨。钦此。

11. 上谕

（光绪二十一年三月十五日　1895.4.9）

光绪二十一年三月十五日内阁奉上谕：李秉衡奏，查明威海失守死事各员情形一摺，海军右翼总兵刘步蟾、记名总兵张文宣、护理海军左翼总兵杨用霖、尽先都司广东大鹏协右营守备黄祖莲，均能见危授命，忠烈可嘉，著照军营阵亡例从优议恤。至已革海军提督丁汝昌，总统海军始终偾事，前经降旨拿问，获咎甚重，虽此次战败死绥，仍著毋庸议恤。该部知道。钦此。

12. 袁世凯等奏为已故大员丁汝昌请开复原官由

（光绪三十二年五月十四日　1906.7.5）

头品顶戴署两江总督山东巡抚臣周馥、太子少保北洋大臣直隶总督臣袁世凯、头品顶戴署山东巡抚直隶布政使臣杨士骧跪奏，为已故提督大员战功素著、捐躯殉难、志节可悯、遗爱在人，据情吁恳恩准开复原官原衔、以顺舆情而彰荩烈，恭折会陈、仰祈圣鉴事。

窃据威海、荣成、烟台、旅顺沿海全湾绅士商民，刑部郎中梁世烺、鸿胪寺序班刘宗汉、工部主事于宗潼、候选同知潘庆澜等三百余员名；又，淮军旧部文武甘肃提督姜桂题、开缺浙江按察使王仁宝等十员；又，海军旧部暨水师出身人员广东水师提督萨镇冰、二品衔直隶候补道曾兆锟等十四员，先后联名呈称：

已故头品顶戴尚书衔北洋海军提督西林巴图鲁丁汝昌，安徽庐江县人。

同治元年，由行伍随原任台湾巡抚刘铭传攻克江苏常州府、安徽广德州，皆拔帜先登。嗣追贼宁国，阵毙贼目黄和锦，进剿徐州，援济宁，克长沟寨，解安徽雉河集、河南扶沟之围，克复湖北黄陂县城。

五年，毙任逆于赣榆，大捷于寿光。

六年，平西捻于徒骇河，大小百数十战，无役不从，摧坚陷阵，常为军锋，积功洊保至记名提督协勇巴图鲁。

光绪三年，保送引见，奉旨发往甘肃差遣。旋经前直隶督臣李鸿章奏留北洋差委充兵轮督操。

六年，派赴英国接带超勇、扬威两快船，并游历各厂，讨论水师窾要。次年回华，保换西林巴图鲁名号，委统北洋水师兵轮。

八年，勘平朝鲜内乱，赏穿黄马褂，寻授天津镇总兵。

十四年，协剿台湾埤南生番，事平，赏给头品顶戴。十二月，补授北洋海军提督，驻防威旅沿海一带，萑苻敛迹，市廛振兴，商家居民胥受其福。

十七年，操巡南洋、日本各岛。回防后，条陈中国海军规模粗具，原期逐渐扩充，从前所购船舰，经历数年，已成旧式，机器渐滞，运用不灵，比较外洋新式快船，速率悬异，且快炮未备，难资战守，一旦有事，恐贻后患而弃前功，请及时增购船炮，以备防御。格于部议，未允所请。

二十年，恭蒙恩诏赏加尚书衔。是年五月，海军大阅甫毕，而东事突起。该故提督迭请率舰迎剿，为先发制人之计，皆不果成行。八月十七日，护送铭军至大东沟。十八日午初，遇敌舰十二艘，仓猝接战。一面分派炮艇，保护商轮辎重；一面亲率十舰，布阵迎击。自午至酉，相持数时之久，炮弹雨下，海水震沸。该故提督腰受弹伤，裹创督战，不稍却顾，士气益奋。旋伤敌人数舰，余船收队北去。该故提督发令穷追，竟以船伤行钝莫及为恨。各国舆论，佥谓自有海军以来，如此剧战，实为环球所创见。而我陆军八营，因得陆续登岸，不至被敌截夺，保全实非浅鲜。钦奉八月二十九日电旨：东沟之战，各将士苦战出力，著酌保数员以作士气等因。钦此。正在趱修伤残，希图再举。适石岛有敌舰游弋，该故提督奉饬率队驱逐，并筹备威防。于时伤病未愈，而船械之损坏者亦尚未修整竣工。徒以遵令出海巡檄，力疾登舟。船少师单，洋面辽阔，势不能以独力兼顾多处。未几，敌兵抄袭后路，金州失守，遂及旅顺。其咎固不专在海军。先是该故提督已奉十月十九日谕旨，革去尚书衔摘去顶戴，及是复于二十九日奉旨革职留任。该故提督愈益感激惭奋，回防威海，协同陆军部署一切。当以绥巩两军勇队无多，不敷分布。商请前山东巡抚李秉衡酌派兵队扼守成山，堵敌上岸。讵东队迁延，未能应时而至，而荣成又先失守，敌遂增兵会合荣成大股，逼攻南北两岸炮台。水陆夹击，我军亦水陆御之。究因陆队单弱，力莫能支，南台先陷，北台继之。敌复据台转击舰队。该故提督既恸且愤，激励将士，拼命抵抗，昼夜鏖战，血肉横飞，所有药弹军械各库，被炮轰焚殆尽，伤亡日积。敌见我军势孤，日以多数舰队排冲海口，更以雷艇奋勇进击。该故提督犹誓众死守，以待外援。无何，定、靖、来、威等船被伤沉溺，而烟台之抚标各营亦早撤退，炮弹告罄，援军望绝。该故提督知事不可为，乃拊膺叹曰：受国厚恩，值此力竭势穷，惟以死报。遂具衣冠望阙行礼毕，仰药以殉，时二十一年正月十八日也。

绅等、职等，或向蒙保障，或旧隶部曲，或夙同乡里，或共戎行，于该故提督生平战绩及其死事原委，知之最详，不忍听其湮没。查海军失机将领，事后多蒙朝廷原情宥过，弃瑕录用，或至擢膺专阃，其同时殉难文武，如道员戴宗骞，总兵刘步蟾、张文宣、杨用霖等，均经奏奉恩旨优恤。该故提督临难授命与戴宗骞诸员等，而战功之艰苦卓绝，尤为过之。相应呈请奏恳恩准开复，并援案优恤等情前来。

臣等伏查该故提督丁汝昌，束发从戎，转战皖、鄂、江、浙、豫、东、直、陕各省，历著伟绩，名城巨憝克获尤多，实系淮系骁将，素为李鸿章、刘铭传所激赏。自统领海军以来，衽席风涛，操练巡防，精勤罔懈。考东西洋各国注重海防，岁糜亿兆金钱，扩张军备，而中国海军仅能成立，屡经部议停购船械。自光绪十四年后，未增一舰。该故提督尝以为言，卒以绌于经费而止。而李鸿章亦尝奏称，日本近十年来，倾其国帑购制船械，愈出愈精，中国限于财力，拘于部议，未能撒手举办，遂觉相形见绌等语，亦足见当日拮据之苦，措注之难。甲午事起，大东沟一役，以我笨滞之师船，御彼灵巧之舰队，且我仅十艘，敌船十二，敌用新式快炮，我系积年旧器，利钝既异，众寡复殊。该故提督裹创喋血苦战多时，卒能伤亡相当，敌锋为挫。外人之作壁上观者，莫不啧啧称叹，诧为得未曾有。及回防威海，犹复收合余烬，竭力抵御。无如势单力薄，敌来逾众，坚持伊久，卒以械尽援绝，慷慨捐躯。其败绩固不必讳，其忠勇要自可嘉，其始终艰难委曲之情形，亦为天下中外所能共谅。即如上年日俄对马之战，波尔的海舰队东来，转瞬之间，全军覆没，统将被掳。以视该故提督之力战死节，殆不可同日而语矣。在当时战局未解，国法诚无可宽，至今日即事原心，大节实无所愧。迭据该员绅等沥诚环请，臣等不敢壅于上闻。且原禀中所称戴宗骞、刘步蟾诸员，实与该故提督同时殉难，事出一辙。诸员既皆仰邀恩恤，该故提督未便独令向隅。合无吁恳逾格天恩，俯允将该故提督丁汝昌销去革职处分，开复原官原衔，以顺舆情而彰荩烈，出自高厚鸿施。

所有据情吁恳缘由，谨合词恭折具陈。伏乞皇太后、皇上圣鉴训示。谨奏。

13.载洵请将已故提督丁汝昌开復原官原衔折[1]

（宣统二年三月十六日　1910.4.25）

筹办海军大臣郡王衔多罗贝勒载洵跪奏，为已故提督力竭捐躯情节可悯、恳恩开复原官原衔、以明是非而昭旷典、恭折具陈、仰祈圣鉴事。

窃自福建船厂兴，而中国海军始有萌芽；海军衙门立，而中国海军声威顿壮。盖是时，中国之“定远”“镇远”两战斗舰皆最新式，环球各国战舰之有电灯，自该两舰始。上年臣等游历至德国，承造该两舰之伏尔铿厂中人，犹举以相告，则其款式之新，为当时所称道不置，此当可概见。故各国咸不敢轻视。乃不十数年，而有甲午之败，于是，中国海军名誉扫地殆尽，然则此成为中国海军一大关键、亟应研究者也。臣自奉命筹办海军，即斤斤于此致意，以求得失之林。惟念胜败之机，虽不尽系于统领一人，然统领为军中领袖，论战者，宜先及之。当时北洋海军为已故提督丁汝昌，臣为研究甲午海军之败，而知丁汝昌其人，且知其因力竭无援乃以身殉，情节殊为可悯，谨将详细情由为我皇上缕析陈之。

臣自入海军处以来，所有旧日海军人员，无论在臣处供差或由外省因公晋谒者，论及当日海军，靡不称颂丁汝昌勇敢可钦、所见远到，甲午一役，实由船械迟钝以致失机。上年臣奉命巡阅各省，所历通商口岸，绅宿商耆来见者，率以丁汝昌孤忠未白，为之太息，如烟、沪等埠，则更感念有加，叙述北洋舰队成军以后，其巡练之勤，保卫之笃，皆口碑载道；又所历外洋各国，多谓丁汝昌所率舰队速率不均，炮械尤为迟钝，而鏖战至半日之

---

〔1〕此件系据北京故宫档案抄录。台北故宫博物院藏件，有“旁批”：载洵折“请将已故提督丁汝昌开复原官原衔由”，抄交陆军部。三（月）十六日。

久，实属难能可贵。凡此皆誉丁汝昌者之所言也。其毁之者，则曰丁汝昌并非由海军出身，畏葸无能，并因此归咎于李鸿章用人之不当。臣愚以为，巡练之勤，保卫之笃，乃海军统领分内应为之事，虽曰能之，亦无庸过为嘉许。然谓其畏葸无能，则未免太刻。盖丁汝昌未入海军以前，随铭军转战皖鄂江浙豫东直陕各省，其克复城镇也，则有黄陂县、奔牛镇等役；其阵斩巨憝也，则有毙伪鲁王于赣榆，灭张总禹全股于徒骇河，与歼黄景和任柱捻逆诸功；其摧坚陷阵也，则有常州府广德州之先登；其解围破贼也，则有寿光县长沟寨之大捷，大小数百战，功绩卓然，当时推为淮军骁将，积功洊保至记名提督协勇巴图鲁。即就此而论，已非畏葸无能者所能侥幸。况其后海军之战，其奋勇尤有足称者耶。至李鸿章委以统领北洋海军之任，亦自有故。当刱练北洋海军时，所有海军官弁类皆微末，而破格用人之议不敢率行奏请，故不得不借用陆军骁将充补海军统领，盖非用提镇大员不足崇体制也。况丁汝昌于光绪三年奏留北洋，委充兵船督操，六年赴英接带“超勇”“扬威”两船回华，嗣是而后，率领各舰，梭巡口岸，北至高丽、图们江，南至新嘉坡、槟榔屿，两涖日本长崎神户横滨各口岸，遍观吴镇横须贺佐世保各军港，见其经营船炮不遗余力，窃计一旦有事，以我军之旧轮笨械，万不能敌。故先事图维，建议宜及时增购新式船炮，免贻后患。叠经呈明当事，分别禀咨，而卒格于部议不行。由此观之，丁汝昌虽非由学堂出身，亦不得谓于海军绝无阅历，而李鸿章委以海军重任，亦未可厚非也。然则其所以失机之故何在？先是，光绪二十年，高丽有东学党之乱，中日谈判无效，不能不取决于兵戎。边衅既开，丁汝昌率领舰队驶至大东沟，迎敌接战。敌以快船十二艘，装配快炮，分行来逼。丁汝昌亲率旧式船炮，迎头痛击，自午至酉，炮弹雨下，虽骸骨受伤，犹裹创督战，不少却，士气益奋。旋敌人以日暮伤多，收队北去。观战各国，啧啧称羡。奉旨：大东沟之战，各将士苦战出力，著酌保数员以作士气等因，钦此。嗣回军旅顺，趱修船械，催集军火，希图再举，未及竣事，适敌舰游弋石岛，奉饬率队驱逐，并即筹画威海防备事宜，丁汝昌遂力疾登舟。正到威布置间，敌兵抄袭后路，陆军溃败，金旅失守。十月十九日，奉旨革去尚书衔，摘顶戴。二十九日后，奉旨革职留任，丁汝昌愈惭感愈奋激，誓以死战。十二月，荣城失陷，绥军溃散，敌兵长驱占领威海南北炮台，即以炮台之炮，击我之舰，而丁汝昌犹激励将士效死抵拒，昼夜鏖战，历十余日，药弹军械各库焚毁殆尽，伤亡日积，无何，“定”“靖”“来”“威”等船被击沉没，而烟台抚标各营亦早撤，追弹火告罄，援军绝望，丁汝昌知事不可为，乃拊膺叹曰：受国厚恩，值此力竭势穷，惟以死报。遂具衣冠，望阙行礼毕，仰药以殉。此丁汝昌临难捐躯之实在情形也。

伏维我皇上御极之初，首布恩纶，所有缘事罣谴诸臣，多荷圣慈曲予湔祓，丁汝昌曩随铭军转战各省，既有叠克名城之功，嗣统海军十余年，亦不无微劳足録。甲午一役，论成败无能辞咎，论情节尚有可原，当时战局未解，褫夺诚难宽假，然事后论定，似可上邀旷典。合无仰恳天恩，明降谕旨，将已故提督丁汝昌开复原官原衔，俾死者得以释眚而明心，生者益观感而知奋，似于鼓励戎行不无裨益。所有已故提督大员力竭捐躯恳恩开复原官原衔各缘由，谨恭摺具陈，伏乞皇上圣鉴训示，谨奏。

朱批：丁汝昌加恩开复原官原衔。该部知道。钦此。

卷　六

旧著丁汝昌传略辑录

1.丁禹廷军门事略[1]

池仲祐

清光绪初年，我国始讲海军。北洋大臣李文忠公鸿章经营伊始，即以属之提督丁公。公由督操而统领十馀年，始终其事。至甲午中东之战，海军舰队熸焉。公亦身殉之。论者不察其详，咸以为公咎，至谓其献舰资敌。呜呼，世之无辜受谤，未有如公之甚者。

公讳汝昌，字禹廷，安徽庐江县人。性亢爽，负豪气，状魁貌梧。同治元年，由行伍随刘壮肃公铭传，攻克苏江常州府、安徽广德州，皆拔帜先登。嗣追贼宁国，阵毙贼目黄和锦，进剿徐州，援济宁，克长沟寨，解安徽雉河集、河南扶沟之围，克复湖北黄陂县城。五年，毙捻逆任柱于赣榆，大捷于寿光。六年，平西捻于徒骇河。大小百数十战，摧坚陷阵，常为先锋。积功荐保至记名提督协勇巴图鲁。光绪三年，送部引见，奉旨发往甘肃差遣，旋经李文忠公奏留北洋，委充轮船督操。六年，派赴英国接带超勇、扬威两快船。次年回华，赏西林巴图鲁勇号，委充统领北洋兵轮。八年，戡平朝鲜内乱，赏穿黄马褂。寻简放天津镇总兵，兼水师统领如故。十四年，协剿台湾埤南生番。事平，赏给头品顶戴。海军衙门成立，补授北洋海军提督。驻防威海沿海一带，萑苻敛迹，市廛振兴，商贾居民胥受其福。十七年，梭巡日本、南洋各岛，回防后条陈：中国海军规模粗具，

[1] 录自池仲祐：《甲申甲午殉难群众事略》。

亟宜逐渐扩充。从前所购船舰，经历多年，已成旧式，机器渐滞，运用不灵，比较外洋新式快船，速率悬异，且快炮未备，难资战守，一旦有事，恐难支柱。请及时增购船炮，以备防御。格于部议，未允所请。

二十年，诏加尚书衔。十年，海军大阅甫毕，而中东军事突起，公请率舰迎剿不果。六月，日鉴在牙山截击济远、广乙，掳操江，沉高升，而复急攻威海。公率队筹防，以威海南帮炮台最居形势，倘为敌所据，则海军必歼。商诸炮台统领刘超佩，议收炮钥，以杜后患。刘超佩不肯，力争之，则为蜚语伤公。是月，廷旨有丁汝昌畏葸无能，巧滑避敌，难胜统领之任，严谕李鸿章另选统带。文忠奏陈海军情形，以近年部议停购船械，实为失计。丁汝昌统带水师，曾至西洋考察历练，目前海军将才，尚无出其右者。

八月十六日，公护送铭军至大东沟。十八日，我军定远、镇远、致远、靖远、经远、来远、济远、广甲、超勇、扬威十艘，与日本祭业等十二舰相遇，仓猝接战。我军船之速率、炮之射远，均逊于敌，渐觉失势。公在定远望台指挥督战，炮弹雨下，不少却顾。忽因炮震跌伤，眩晕垂绝。是役虽挫，敌亦受创。我军将士忠勇，各国舆论叹为难能。廷旨优予奖恤。于时，公犹裹伤率舰出海巡逻。

未几，而敌兵抄袭后路，金州不守，遂及旅顺。公奉廷旨革职留任。旋又有逮问之命。东海关道刘含芳、炮台统将戴宗骞、张文宣、刘超佩、海军左翼总兵及各管带等，先后合词电达李文忠公，请奏恳收回成命，暂留本任，竭力自赎，以固海军根本之地。英员马格禄等，亦以为请。文忠据以上闻，廷谕：著仍遵前旨，俟经手事件完竣，即行起解。而公益惭奋。在威协同陆军部署攻御时，以绥巩两军勇队无多，不敷分布，商诸山东巡抚，酌派兵队扼守成山，堵敌上岸。乃东队迁延未至。

十二月，敌船二十艘在龙须岛渡兵登岸，荣城旋即失守。敌率大股逼攻威海南北两岸，我军亦水陆御之。连日血战，究以力弱，渐莫能支。日将伊东祐亨致书谓：以友谊忠告，际此国运之穷，即委一身，岂足报国，不如以全军船舰权降，暂游日本，以待他日归国，宣绩报恩。并引法国前总统末古末哂恒、土耳其国哂司末恒拔香故事为劝。公不为所动，缄其书上于李文忠。乙未正月，敌军由南岸袭出，夺据龙庙嘴炮台，内外夹攻，威海旋陷。公犹督率精勇由岛渡海，闯登炮台，击毙日兵十余人，并夺两日旗而旋。并派敢死队攻毁鹿角嘴、赵北嘴两台，毁其药库。洎日军以全力攻扑东口，雷艇闻炮而遁。各舰拼命抵拒，昼夜鏖战，血肉横飞，时或中雷沉没。适有绥巩军教习德员瑞乃尔晋谒，宣言：事势至此，徒多杀士众，无益也。曷不以船、台、军械让敌，军民尚可保全。公竣（峻）拒之，谓：中国向无此例，虽计穷援绝，必以死守至船殁人尽而后已。瑞乃尔退而告人。于是，水陆军中咸闻是说，人思自脱，号令稍稍不行矣。时有岛民环跪泣求生路，继则台兵哗噪日甚，军心动摇。公犹告众以援兵不日可到，当水陆夹击以解危。乃援终不至，公知事不可为，拊膺叹曰：受国厚恩，宜以死报。即仰药以殉。时正月十八日事也。公既殁，军民丛聚，胁迫水陆营务处总办道员牛昶昞，行瑞乃尔策，牛不可。众将相犯，乃用公名义致书伊东祐亨，略谓：欲保全生灵，愿停战事，将现有船、台、军械让送，但求勿伤兵民生命，并许出港他适云云。

三十二年夏，威海、荣城、烟台、旅顺沿海绅士商民，京外官梁世煐、刘宗汉、于宗潼、潘庆澜等三百余人，及甘肃提督姜桂题、开缺浙江按察使王仁宝等十人，广东水师提督萨镇冰、直隶候补道曾宗锟等十四人，先后呈请于北洋大臣袁公世凯，为公伸雪。袁公据以入奏，称：丁汝昌束发从戎，转战各省，实为淮部骁将。统领海军以来，衽席风涛，精勤罔懈。自部议停购船械，光绪十四年后未增一舰。丁汝昌尝以为言，卒以经费短绌，格于部议而止。大东沟之役，以我笨滞之师船，御彼灵巧之舰队，且我仅十艘、敌船十二艘，敌用新式快炮，我系积年旧器。利钝既异，众寡复殊，丁汝昌裹创喋血，苦战多时，卒能伤亡相当。外人之作壁上观者，莫不啧啧称叹，诧为得未曾有。及回防威海，收合余烬，竭力抵御。无如势力单薄哦，敌来愈众，坚持伊久，卒以械尽援绝，慷慨捐躯。败绩固不必讳，忠勇要自可嘉。其始终艰难委曲之情，亦为天下中外所共谅。请予销去革职处分，开复原官。筹办海军大臣贝勒载洵亦为奏请。奉旨加恩开复原官原衔。嗣后，外人谈及中东战役，谓公不惜牺牲一身，以易在威军民之性命，正与古代魏咎为民约降而自杀之意同。实不知让送船械，实公死后事也。

公素勤敬，在军部调度有法。初时，海军军官皆青年，资望不足以统驭全军，文忠不得已而用公。公乃能虚己以听群策，联络上下，翕然一心。又于所聘洋员礼待而驾驭之，使其竭诚供我驱策。视僚属如家人，不拘形迹，而督励操防，则无稍假借，故人咸乐为用。好文墨，历海军数年，下笔裕如，能草露布。待遇文士优礼有加，急人之急，如恐不及。尽节以终，远迩闻之，咸为太息。死时，年六十。

子二：长代福，次代禧。孙五。继室魏氏在籍，闻公死难，亦吞金以殉云。

2. 丁汝昌[1]

丁汝昌，字禹廷，安徽庐江人。初隶长江水师，从刘铭传征捻，积勋至参将。捻平，赐号协勇巴图鲁，晋提督。光绪初，留北洋差序，赴

〔1〕录自赵尔巽等：《清史稿·列传·二百四十九》。

英国购兵舰，历法、德各营垒厂局，还综水师。八年，朝鲜与美议互市，请莅盟，汝昌与道员马建忠东渡监约。既而朝军哗变，焚日使署，遂率济远、扬威二舰赴仁川、汉城护商，而日军已先至，汝昌还请益师。随统七舰以济，薄王京，与吴长庆及建忠谒李应罡，执以归。九年，授天津镇总兵。会越南南定陷，乘兵舰往江平及钦州白龙尾，徼循海口，赏黄马褂。十四年，定海军经制，命为海军提督。军故多闽人，汝昌以淮军寄其上，恒为所制。总兵以下多陆居，军士亦去船以嬉，又值部议停购船械，数请不获，盖海军废弛久矣。二十年，赏加尚书衔。

朝乱再起，汝昌欲至济物浦先攻日舰，将启行，总署电柅之。逮日舰纵横海上，海军始集大东沟、鸭绿江口。定远为汝昌座船，战既酣，击沉其西京丸一艘。已，致远弹药尽，被击，总兵邓世昌战死。自是连丧五舰，不复能军。汝昌犹立望楼督战，忽座船砲震，晕而仆，舁以下。汝昌鉴世昌之死，虑诸将以轻生为烈，因定海军惩劝章程，李鸿章上之，著为令。旅顺陷，汝昌渡威海，是时两军相去二百二十馀里，朝士争弹之，褫职逮问。鸿章请立功自赎，然兵舰既弱，坐守而已。

逾岁，日军陷荣城，分道入卫。汝昌亟以木簰塞东西两口，复虑南岸三台不守、炮资敌，欲毁龙庙嘴台砲，陆军统将戴宗骞电告鸿章，责其通敌误国，不果毁。待援师不至，乃召各统领力战解围。会日暮大风雪，汝昌尽毁缘岸民船，而南北岸已失，日舰入东口猛攻，定远受重伤，汝昌命驶东岸，俄沉焉，军大震，竞向统帅乞生路，汝昌弗顾，自登靖远巡海口。日舰宵入口门，击沉来远、威远，众益恐。道员牛昶炳等相乡泣，集西员计议。马格禄欲以众挟汝昌，德人瑞乃尔潜告曰："众心已变，不如沉船夷砲台，徒手降，计较得。"汝昌从之，令诸将同时沉船，不应，遂以船降，而自饮药死，於是威海师熸焉。事闻，诸将皆被恤，汝昌以获谴，典弗及。宣统二年，海军部立，旧将请赐恤，始复官。

3. 丁汝昌传[1]

陈　诗

丁汝昌，字禹廷，北乡石咀头村人。少卓荦负奇气。父灿勋，业农，遣从族父学制豆腐，劳而无直。恒念家贫，窃钱奉母，主怪钱少，改纳竹筒。厥性敏慧，潜以竹竿黏饴而取之如故。

既遘咸丰荒旱，父母亦逝。太平军过庐邑，掠人入伍，汝昌被掠，从至皖城。与同馆者，则桐城程忠烈学启也，倾怀效能，意气相得。无何，湘乡曾忠襄国荃围皖城，学启偕汝昌率率三百人逾城出降。忠襄犹疑虑，每战令居前，屡获捷。既克皖，学启授参将，领开字营。汝昌哨官，亦授千总。

旋从江苏臬司合肥李文忠公鸿章征吴。同治元年壬戌，乘轮至沪。汝昌佐学启于泗泾、新泾、四江口诸役，每战辄先登。合肥刘壮肃铭传领铭字营，同战四江口，见其骁果，异之，乞置帐下。率亲兵百人，屡立战功，旋领马队营。甲子平吴，洊擢副将。统先锋马队三营，从剿东捻，驰驱豫、鄂、燕、齐之郊，日踔百里，拦截追奔，频获奇捷。东捻平，又从剿西捻，屡击败之。后蹙贼于茌平南镇徒骇河，捻首张总愚势穷，弃马赴水死。西捻平，论功擢总兵，赐号西林巴图鲁，赏穿黄马褂。

时议裁兵节饷，刘欲裁马队三营，置汝昌于闲散。汝昌时别屯，陈书抗议。刘怒其梗命，将召至而戮之。有相告者，汝昌亟率亲信十二人乘马驰归里。衣锦言旋，意度豪迈，分金犒从者，古旧亲戚咸罔弗周恤，以马

〔1〕录自陈诗：《庐江文献初编》。

赠人，饮博自喜。

家居数年，金尽，走天津，乞傅相直督李公畀一差。李相曰：省三与尔有隙，我若用尔，则与省三龃龉矣。尔宜与之分道扬镳。吾今欲立海军，令人统率，尔如能赴英国学习海军，毕业归来，当以此任相属。汝昌避席曰：谨如命。遂往英国学习海军学校。时同学者，则日本伊东祐亨也，同种同文，情好无间。业成归国，李相奏授天津镇总兵，购船数艘，兼统北洋海军。

光绪八年壬午六月，朝鲜兵变，宰相李泳翊被戕，使臣金允植、鱼允中在天津，闻变，乞师于朝。命汝昌率定远、镇远二巨舰护送吴武壮长庆山东戌军三千人援朝鲜。七月初四日发登州，初七日至朝鲜马山浦，十一日入汉京。武壮遣将据险立营，四门守卫森严，诱执乱兵主谋大院君李罡应，送天津幽之。罡应，国王本生父也。既定乱，汝昌与吴提督同谒国王，国王诣谢，皆用译人传语。国王衣冠犹沿明制，特宴殿上，享二天使，肴凡四巨盘，豕鱼蔬豆而已，淡泊寡味，犹是太羹玄酒遗风。事定既归，赏加头品顶戴，仍镇津沽。数年购舰渐备，可成一军。

十五年，李相疏荐，诏授北洋海军提督，以英人琅威理副之，以闽人林泰曾、刘步蟾为左右翼总兵。凡统有定远、镇远二巡洋舰，及来远、经远、济远、威远、致远、超勇、扬威、广甲、广乙、通济等炮舰、练习舰十余艘，屯威海，兼辖旅顺口船坞。汝昌在威海广筑炮台数座，荐合肥道员戴宗骞守之；又于其旁海汊、刘公岛缮垒筑提，为海军港，以合肥陆军将张文宣率三营驻焉。储粮蓄煤，建武库，辟商埠。又设海军学校于威海，以训练燕、齐、闽、粤、吴、皖少年子弟，海滨一岛固若金汤矣。汝昌治海军凡十馀年，闻各国竟尚蚊子快船，亦请增置。盖是时孝钦太后专政，德宗以悦亲为孝，移各行省所筹海军经费建颐和园，大兴土木方未艾也。未几，琅威理教练期满，辞归国。朝命德人汉纳根为副提督，兼教练事。

甲午中东事起，八月汝昌率舰队护送刘盛休军赴平壤。十三日，归至奉天大东沟，猝遇日本舰队邀击，遂开战。我舰凡十二艘，分作三队，定、镇二舰居中，馀舰为两翼，排作人字阵前进。日舰作长蛇阵，轻捷如飞，横贯我舰队为二。战久之，超勇中跑焚，广甲、广乙沉。经远管带副将方伯谦（闽人）怯战先逃，转舵时又将扬威撞沉。致远管带副将邓世昌（广东人，字正卿）力战，睹舰受伤，愤而鼓轮冲敌舰，与之俱碎。汝昌在定远瞭望台督战，乱弹如雨，左右皆仆，身独无恙。睹世昌殉国，愤欲踵之，继念舰中数百人皆乡里子弟，恻然弗忍，遂率残舰退归威海。说者谓是役也，若琅威理犹在军指挥，当不至此。盖海战非德人擅陆军之所长也。

日军旋围旅顺。九月，别以小艇载兵，潜于荣成县浅滩登陆，拊威海之背。鲁抚李秉衡方驻师登州，闻警退屯黄县。汝昌累电乞援，不应。十月，戴宗骞战败走刘公岛，饮药死。汝昌怜之，为陈戴之孤军捍敌死事状于大府。李相以闻，请褒恤如例。汝昌又念威海有一小炮台，正对刘公岛，今虽毁炮，若日人重置炮，则岛中危。于是，悬重赏募勇士三十人，夜渡至对岸毁台而归，岛中守备乃固。十一月，日舰队围刘公岛，频放鱼雷，坏我战舰。乙未正月，镇、定二舰亦损，汝昌叹曰：与舰偕亡，臣之职也。召营务处牛昶昞而谓之曰：吾誓以身殉，救此岛民耳。可速将提督印截角作废。牛诺之。汝昌遂仰药殉，时年五十馀。两翼刘、杨二总兵及炮台官张文宣，皆自杀以殉之。时十一日也。牛昶昞违教不截印角，诈作降书钤印送日军。日提督伊东祐亨受之。翌日，入岛受降，见汝昌赫然陈尸厅前，则大感动，命具棺敛，遣我海军游击萨镇冰驾通济小舰送其丧归。华人归者咸从之。

先是，汝昌知威海将陷，九月杪即命预放海军学校诸生年假，以留海军人才。厥后，朝廷重整海军，萨为统帅，所部将校皆汝昌所留之子弟也。仁风忠悯，可盟天日。而或者不察，妄谓其既降而死，朝旨褫职，籍没家产。仲子幼庭，流离况瘁者积年。宣统初元，寿州相国孙文正家鼐疏奏昭雪，予开复，给还田产，其诸孙始得稍敷饍粥焉。然日人钦其忠义，单词只字皆装潢简册，宝若琼琚。桐城吴汝纶于光绪末东游，日人出卷乞题。吴有诗刊于集，遂播于世云。

丁汝昌生平大事记

道光十六年（1836）　一岁

十月初十日（11.18）

丁汝昌生于安徽庐江县丁家坎村。

道光十七年（1837）　二岁

母向氏卒。

道光十九年（1839）　四岁

四月十三日（5.25）

丁汝昌祖母鲍氏卒。

道光二十四年（1845）　十岁

丁汝昌童养媳钱氏进门。（道光十八年二月十五日出生，1838.3.10）

咸丰元年(1851)　十六岁

六月十六日(7.14)

丁汝昌父志谨卒。

咸丰九年(1859)　二十四岁

刘铭传率团练参加六安之战。

咸丰十年(1860)　二十五岁

九月廿日(11.4)

英法联军入侵，咸丰皇帝逃亡承德。

同治元年(1862)　二十七岁

正月初七日(2.5)

长子代龄出生。

同年

丁汝昌投效淮军铭字营，参加镇压太平天国的战争。

同治三年(1864)　二十九岁

丁汝昌迁家无为州汪郎中村。

同治四年(1865)　三十岁

九月初八日(10.27)

李鸿章呈“汇保克复嘉兴常州等城员弁片”，其中，千总丁汝昌，请免补守备以都司尽先补用，并赏戴花翎。

十月三十日（1865.12.17）

钦差大臣督办直隶、山东、河南三省军务的曾国藩呈《宁陵扶沟等处胜仗折》，报告铭军在扶沟与捻军作战情形，其中“刘盛藻派冯汝霖、丁汝昌击其左”。

同年

续娶魏氏夫人。（道光三十年正月二十九日出生，1850.3.12）

同治五年（1866）　三十一岁

二月十五日（3.31）

曾国藩呈“奏报援鄂铭军克复黄陂县城及自徐抵邹折”，为正月二十八日黄陂一战的铭军将领请奖，其中，“都司丁汝昌，请以游击尽先补用，并赏给副将衔。”二月二十二日（1866.4.7）奉旨：“都司丁汝昌，著以游击尽先补用，并赏加副将衔。”

四月初七日（5.20）

曾国藩呈“捻众自山东回窜官军追剿获胜折”，铭军于三月二十三日（5.7）在山东龙堌集大败捻军，其中，“丁汝昌、滕学义等各放排枪，毙贼满地。”

（《曾国藩全集》（9），岳麓书社第104页。）

十月初一日（11.7）

铭军在山东葛店一带兵分三路进击捻军，丁汝昌等当先率勇冲入捻军阵中。

（周世澄：《淮军平捻记》卷三，页二，上海古籍出版社影印本1995。）

同治六年（1867） 三十二岁

四月（1867.5）

铭军在湖北黄安一带与捻军激战，分统刘盛藻督部过紫潼河，丁汝昌率步队击败迎拒之捻军。

（李鸿章："各军追贼黄安铭军迎击大胜折"（同治六年四月二十三日），《李文忠公全集·奏稿》卷十一，页三十一。）

十一月初五日（11.30）

李鸿章呈"查明击毙任柱情形并铭军保案折"，其中"游击丁汝昌，著赏给协勇巴图鲁名号。丁汝昌并以参将补用"。

（《李鸿章全集》3，安徽教育出版社2008年版，第153页。）

同治七年（1868） 三十三岁

五月初二日（6.21）

李鸿章呈"铭军四案汇保折"，其中"副将衔尽先参将丁汝昌，请免补参将，以副将留于湖广尽先补用加总兵衔，并赏给一品封典"。

（《李鸿章全集》3，安徽教育出版社2008年版，第258页。）

七月初八日（1868.8.15）

李鸿章呈"查明张总愚实已投水淹毙直东肃清折"，对"随折保奖人员"谕旨允准，其中，"总兵许保清等十八员，均著遇有总兵缺出，尽先题奏。内……丁汝昌……并赏加提督衔。"

（《李鸿章全集》3，安徽教育出版社2008年版，第306–309页。）

同治八年（1869） 三十四岁

六月十六日（7.24）

次子葆翼（代禧）生（卒于光绪二十四年十月初五日）。

同治九年(1870) 三十五岁

随提督刘铭传赴陕援剿西北回乱。

同治十年(1871) 三十六岁

秋

刘铭传辞职离营，曹克忠接统陕北铭军各营，丁汝昌被委统铭字右军。

同治十一年(1872) 三十七岁

二月十三日(3.21)

丁汝昌妻钱氏卒。

六月(1872.7)

铭军武毅右营哗溃。

八月初二日(9.4)

李鸿章根据朝廷旨意，建议由铭军宿将刘盛藻赴陕接替曹克忠统领铭军，妥撤回南，徐筹安置。

(李鸿章:“密筹调员接统铭军折”,《李文忠公全集·奏稿》卷十九，页八十至八十一。)

九月二十五日(10.26)

时刘盛藻尚未赴陕，李鸿章接到驻防长武铭军统带、总兵丁汝昌禀报：甘军杨世俊所部马队溃变，由秦州东窜，欲犯陕疆，曹克忠亲率马、步七营由大路往堵，先锋营官潘万才率邠州铭军先锋马队由小道迎击，将溃勇人马六百余悉数收抚。陕西巡抚邵亨豫因此提出，铭军必须留镇陕西，以维大局，势不能遽议撤回。

(李鸿章:“刘盛藻赴陕接统铭军折”,《李文忠公全集·奏稿》卷二十，页十六至十七。)

署陕甘总督穆图善亦请将总兵丁汝昌、副将潘万才所带铭军马、步八营暂缓遣撤。朝廷遂谕准铭军暂缓议撤，饬令刘盛藻克日赴陕接统。

（李鸿章："刘盛藻赴陕接统铭军折"，《李文忠公全集·奏稿》卷二十，页十六至十七。）

九月（1872.10）

丁汝昌剿抚甘肃奇营溃勇尤为出力，经前陕西抚臣邵亨豫保奏以提督记名简放，旋经部驳。续由邵亨豫奏，奉同治十三年正月十一日（1874.2.27）朱批：丁汝昌仍著照原保以提督交军机处记名，请旨简放。该部知道。钦此。

同治十三年（1874）　三十九岁

四月（1874.6）

丁汝昌交卸陕北营务，回乡。

光绪元年（1875）　四十岁

四月二十六日（5.30）

北洋大臣李鸿章奉旨督办北洋海防，筹建北洋海军。

光绪三年（1877）　四十二岁

十月二十二日（11.26）

李鸿章呈"奏保丁汝昌片"。十月二十五日（11.29）军机大臣奉旨：知道了。

十一月十九日（12.23）

兵部带领丁汝昌引见。奉旨：发往甘肃差委，钦此。

十一月二十一日（12.25）

丁汝昌呈“叩谢天恩折”。

光绪五年（1879）　四十四岁

十月十六日（11.29）

李鸿章呈“奏留丁汝昌片”，申请将丁汝昌留用在北洋海防差遣。十月十九日（12.2）谕旨：著照所请。丁汝昌由此担任北洋轮船督操。

光绪六年（1880）　四十五岁

九月初四日（10.7）

丁汝昌、葛雷森、许钤身等奉命从山东登荣水师营挑选三百名弁兵操演，备接收新购碰快船用。

十一月廿二日（12.23）

丁汝昌与葛雷森等从上海乘坐法国商船前往英国，接舰部队随后启程。

光绪七年（1881）　四十六岁

正月十二日（2.10）

丁汝昌与葛雷森等抵达英国伦敦。

此后的数月，丁汝昌觐见英国维多利亚女王，与英国各界人士交流，参观英国海军机构，视察在纽卡斯尔建造中的中国巡洋舰“超勇”“扬威”。

七月十八日（8.12）

丁汝昌率北洋水师接舰部队驾驶“超勇”“扬威”（林泰曾、邓世昌分任管驾）从英国返回，是为中国海军第一次独立进行欧洲至亚洲间的洲际航行。

九月廿七日(11.18)

丁汝昌率“超勇”“扬威”舰安全到达天津大沽。

十月十一日(12.2)

李鸿章奏请，为接舰有功的丁汝昌、葛雷森、林泰曾、邓世昌等记功嘉奖。丁汝昌统领北洋水师，破格擢用。遇有水师提督缺出，即予简放。

十月十三日(12.4)

以巡海出力，赏记名提督丁汝昌换西林巴图鲁名号，并正一品封典。

光绪八年(1882)　四十七岁

六月廿六日(8.9)

因朝鲜发生壬午兵变，丁汝昌率北洋水师军舰前往朝鲜参与平息事端。

八月初三日(9.14)

丁汝昌被任命为直隶天津镇总兵，统领北洋水师。

八月二十九日(10.10)

李鸿章呈“奏保丁汝昌马建忠片”：“此次乱军滋事，事出非常，中国兵船驶抵仁川，日本人已先我而至，既虑其先发制人，要挟无厌，而李罡应及其党羽知中国兴师问罪，难保不铤而走险，别启狡谋，。是办理稍有不当，即不免稽延时日，虚糜帑项，朝事亦未易结束，所关殊非浅鲜。幸丁汝昌、马建忠设法钤制日人，以缓其侵轶之谋。迨吴长庆陆军到后，马建忠即谐所派将弁星夜入城，复与吴长庆、丁汝昌密商定计，先将李罡应生致解津，旋即捕剿乱党，克期勘定。是此次援护朝鲜，扶危定乱，吴长庆、丁汝昌之功为多；……记名提督新授天津镇总兵西林巴图鲁丁汝昌，久历戎行，才明识定，前往英国督带快船回华，创练水师，讲求西法，能耐劳苦，此次扬威域外，足张国体，拟请赏穿黄马褂。”九月初一日(10.12)旨准。

光绪十年（1884） 四十九岁

正月二十五日（2.21）

丁汝昌子丁代龄卒。

闰五月（1884.7）

中法关系紧张，丁汝昌筹备旅顺防守。

十一月初五日（12.21）

因朝鲜发生甲申事变，丁汝昌率北洋水师军舰前往朝鲜平息事端。

同年

中法战争爆发。

光绪十二年七月（1886） 五十一岁

四月（1886.5）

海军衙门大臣醇亲王奕譞巡阅北洋海防，丁汝昌率舰队接受检阅。

七月（1886.8）

丁汝昌率北洋水师部分舰船到达日本长崎坞修，期间发生“长崎事件”。

光绪十三年（1887） 五十二岁

七月二十日（9.7）

李鸿章上“保举将才折”，丁汝昌和宋庆、周盛波、李长乐、唐仁廉等被举荐；其他还有刘盛休、卫汝贵、赵怀业、贾起胜、姜桂题、罗荣光、黄金志、林泰曾，被认为是“不可多得之才”。

光绪十四年（1888） 五十三岁

八月二十六日（10.1）

清廷颁行《北洋海军章程》，标志着北洋海军成军。

十一月十五日（12.17）

清廷谕旨：丁汝昌为北洋海军提督、林泰曾为北洋海军左翼总兵、刘步蟾为北洋海军右翼总兵。

光绪十五年（1889） 五十四岁

四月（1889.5）

刘公岛水师学堂建成，丁汝昌兼任水师学堂总办。

同年

丁汝昌主持纂修《丁氏宗谱》。

光绪十七年（1891） 五十六岁

四月（1891.5）

北洋海军大阅。

五至六月（1891.6—7）

丁汝昌率北洋海军舰船编队第一次正式出访日本。

九月初六日（10.8）

李鸿章上“办理海军请奖折”，以“海军提督丁汝昌统率有方，不辞劳瘁”，请“敕部从优议叙”。九月初九日（10.11）清廷谕旨：照李鸿章请，以办理海军出力，海军提督丁汝昌……著交部从优议叙。

光绪十八年（1892） 五十七岁

五月

丁汝昌率北洋海军舰船编队第二次正式出访日本。

光绪二十年(1894)　五十九岁

正月十三日(2.18)

以本年慈禧六旬大寿，北洋海军提督丁汝昌赏加尚书衔。二月十二日(3.18)，丁汝昌上“奏谢赏尚书衔恩由”，二月廿二日(3.28)硃批：知道了。

四月(1894.5)

北洋海军大阅。

六月廿三日(7.25)

日本海军在朝鲜西海岸丰岛海域袭击中国军舰和运兵船，丰岛海战爆发。

六月廿四日(7.26)

丁汝昌率领北洋海军“定远”“镇远”“致远”“靖远”“经远”“来远”“平远”“广甲”“广丙”“超勇”舰从威海出发，前往朝鲜沿海搜寻日本军舰，是为丰岛海战后的第一次巡海活动。于六月廿八日(7.30)返回威海湾。

七月初一日(8.1)

清政府和日本政府互相宣战，中日甲午战争全面开始。

七月初二日(8.2)

丁汝昌率领北洋海军“定远”“镇远”“致远”“靖远”“经远”“来远”舰从威海出发，前往朝鲜沿海进行第二次巡海。于七月初六日(8.6)回到威海。

七月初九日(8.9)

丁汝昌率领北洋海军“定远”“镇远”“致远”“靖远”“经远”“来远”“平远”“广甲”“广丙”“扬威”以及鱼雷艇“福龙”“左一”从威海出发，前往朝鲜沿海进行第三次巡海。于七月十三日(8.13)回到威海。

七月十四日至八月初三日（8.14—9.2）

因风闻日本军舰窜入渤海，丁汝昌率北洋海军舰队在渤海湾沿线各港口巡视，是为第四次巡海。

七月廿六日（1894.8.26）

清廷谕李鸿章：丁汝昌已革职，戴罪自效。

八月十七日（1894.9.16）

丁汝昌亲自率领北洋海军主力护卫运输船，从大连湾运送铭军前往大东沟登陆，当天午后抵达大东沟。

八月十八日（1894.9.17）

停泊在大东沟外海的北洋海军主力与日本联合舰队主力遭遇，爆发黄海大东沟海战，丁汝昌在“定远”舰上督战受伤。

八月廿日（1894.9.19）

清廷著刘步蟾暂行代理提督，丁汝昌赶紧调治，一候稍痊，仍行接统。

九月廿五日（1894.10.23）

清廷以大东沟海战，予丁汝昌议叙。

十月十九日（1894.10.16）

清廷谕旨：近日旅顺告警，丁汝昌统带师船不能得力，著革去尚书衔、摘去顶戴，戴罪立功，以观后效。

（“电谕北洋大臣李鸿章丁汝昌统带师船不力著革去尚书衔摘去顶戴”，中国近代史资料丛刊续编：《中日战争》（1），中华书局1989年版，第551页。）

十月廿五日（1894.11.22）

清廷谕旨：旅顺已失，丁汝昌救援不力，著即革职，暂留本任，严防各海口，以观后效。

（“电谕北洋大臣李鸿章旅顺已失丁汝昌著革职留任”，中国近代史资料丛刊丛刊续编《中日战争》(1)，第618页。)

十一月廿一日(1894.12.17)

清廷谕旨：海军提督丁汝昌统率海军多年，自日人启衅以来，迭经谕令统率师船出海援救，该革员畏葸迁延，节节贻误。旅顺船坞是其专责，复不能率师援救，实属葸怯无能，罪无可逭。著拿交刑部分别治罪。

(“上谕二”，近代史资料丛刊《中日战争》(三)，上海人民出版社2000年版，第261−262页。“电谕北洋大臣李鸿章海军提督即著刘步蟾暂行署理”，中国近代史资料丛刊丛刊续编《中日战争》(2)，第53页。)

十一月廿五日(1894.12.21)

清廷谕：北洋海军提督著刘步蟾暂署，仍著李鸿章遴员保奏。丁汝昌俟经手事件交替清楚，迅速起解。

光绪二十一年(1895)　六十岁

正月初五日(1.30)

登陆山东半岛的日本山东作战军进攻威海卫，此后丁汝昌率领北洋海军展开惨烈的威海湾保卫战。

正月十七日(2.11)

因外援不继，刘公岛内战力耗竭，丁汝昌在丁公馆服毒自杀，延至次日身亡。

正月廿日(2.14)

威海水陆营务处道员牛昶炳代表刘公岛海、陆军与日军签署降约，北洋海军覆灭。

正月廿三日(2.17)

日本联合舰队进占刘公岛。

李鸿章电奏清廷：“恳将丁汝昌所得处分开复，以示大公。”

（“李鸿章来电”，中国近代史资料丛刊《中日战争》（三），第439-440页。）

三月十五日（4.9）

清廷谕旨：已革海军提督丁汝昌，总统海军始终偾事，前经降旨拿问，获咎甚重，虽此次战败死绥，仍著毋庸议恤。

（“上谕”，中国近代史资料丛刊：《中日战争》（三），第584页。）

光绪末年，广东水师提督萨镇冰等部分海军旧属和威海卫当地绅民三百多人，联名上书直隶总督袁世凯，要求给丁汝昌以公正的评价和待遇。

光绪三十二年（1906）

五月十四日（7.5）

袁世凯转奏朝廷，未获允准。

（“故提督丁汝昌恳恩开复原官原衔折”，《袁世凯奏议》（下），天津古籍出版社1987年版，第1341-1344页。）

宣统二年（1910）

三月十六日（4.25）

经筹办海军大臣载洵奏请，丁汝昌终得“开复原官原衔”。

（“以力竭捐躯，情节可悯，开复故提督丁汝昌原官原衔。折包。”近代中国史料丛刊三编第十八辑：《大清宣统政纪》，台湾文海出版社1989年版，第586页。）

附 录

丁汝昌家族谱系

（据1923年《丁氏宗谱》整理）

<table>
<tr><td>先</td><td colspan="5">先达（名汝昌，字禹廷）</td></tr>
<tr><td>代</td><td>代龄</td><td colspan="4">代禧</td></tr>
<tr><td>发</td><td>聪</td><td>俊</td><td>宽</td><td>泽</td><td>惠</td></tr>
<tr><td>荣</td><td>华（殇）
沐
澍
女五</td><td>寿
根
女二</td><td>武
勋</td><td>经
女一
伦
绅
女一</td><td>纬
纲
女三</td></tr>
<tr><td>昌</td><td colspan="5">略[1]</td></tr>
<tr><td>备注</td><td colspan="5">《丁氏宗谱》除记载了丁汝昌及后代的上述“谱名”之外，还记载了他们的名、字、号，摘列如下，同时将不见于谱书但经排查所知的子女亦作补记：
1）代龄：名长栋，字朝甫，号继廷
2）代禧：名葆翼，字幼廷，号朝杞
3）发聪：名秉钧，字弼臣
4）发俊：名介仁，字旭山
5）发惠：名睿，字智仁
6）荣澍：字惠民。经调查其子丁小龙、丁小明等而知，其名浩然。
7）荣涛：发聪之子，不见于谱记，系调查得知，乃谱成之后所生（谱未记发聪之卒年）
8）谱记发聪“女五”，刘德煜 1979 年调查笔记显示，三女为荣霞
9）谱记发俊“女二”。刘德煜 1979 年调查笔记显示，为雨虹（荣淑）、美华（荣德）
10）谱记发泽妻生“子一、女一”，又继配生“子二、女一”。刘德煜 1979 年调查笔记显示，长女为苏敏、次女为亚芝。
11）荣纬：字继祖
12）荣纲：字常五
13）谱记发惠“女三”，经赵怀民告知，系荣淑、亚华、亚芳（赵母）。另有一女亚苏，乃谱成之后所生。</td></tr>
</table>

〔1〕昌字辈的情况，经中国甲午战争博物馆多年调查，已知数人。请参见戚俊杰《略述丁汝昌后裔抗日杀敌的爱国真情》（载《甲午战争研究》2015年第4期，第25–33页）

后　记

笔者自2005年冬步入北洋海军和甲午战争研究，即以丁汝昌研究为切入点，这或可称为“牵牛鼻子”和“解剖麻雀”，但做来颇不容易，资料不足徵！笔者居住的威海，是甲午战争故地，实地踏勘甲午战争古战场遗址非常方便，但寻觅史料特别是原始档案的路走来却很艰难，这里的大型图书馆和档案馆并不多。所幸，在今天这个资讯发达的时代，馆藏古籍不仅可以翻拍、复印，甚至大多都已经电子化了，只要我们用心寻觅，索取起来也不是一点办法没有的。

资料收集既难，整理起来也非易事，大多都是手写的草书体，加之年代久远而导致字迹模糊，辨识起来甚为困难。比如，丁汝昌的《往来要信底簿》，不同时期的抄录者笔迹因人而异，这使我整理起来，走了不小的弯路。这卷资料，乃陈悦得之于天津图书馆，原分五册装订，笔者原计划严格地按原貌照录，待费尽千难、埋头点录完毕之后，笔者才发现，原来这就是1994年影印出版的谢中岳主编“北洋海军资料汇编”中的《丁汝昌海军函稿》，而在1997年已由中国甲午战争博物馆戚俊杰、王记华整理为《丁汝昌集》出版。戚俊杰、王记华整理的《丁汝昌集》，为甲午战争研究提供了非常巨大的帮助，这次又为笔者校订提供了极大的方便，相信本次点录、整理将会更加准确、完善。

十几年收集、整理资料的过程中，笔者得到了学界朋友们的无私帮助，他们分别是沈津、陈悦、贾浩、吉辰、王鹤、张黎源、张军勇、赵怀民等。沈津教授在哈佛大学燕京图书馆讲学期间，从未谋面却主动为笔者提供《北洋海军“来远”兵船管驾日记》复制件；陈悦为获取丁汝昌《往来要信底簿》，数度赴津与北洋海军将领刘冠雄后裔联系，获得刘冠雄后裔刘景端等大力帮助，清末载洵为丁汝昌“开复原官原衔”的奏折和朱批谕旨，系笔者委托张军勇在访问台北故宫博物院时代为复制；“朋僚往来函电”中光绪二十年的一些“丁汝昌谕令”等原为日文，系笔者委托郝如庆翻译；手迹辨识过程中，得到了书法家王金明的支持。诸般帮助，令人感动，恕难一一，在此一并表示谢意。

虽然得到了太多的帮助，但相信本书仍错失难免，所有失误当然由笔者全部承担，也敬请读者指正。特此声明。

孙建军

2017年4月18日

图书在版编目（CIP）数据

丁汝昌集 / 孙建军整理校注. — 济南：山东画报出版社，2017.12

ISBN 978-7-5474-2630-2

Ⅰ.①丁… Ⅱ.①孙… Ⅲ.①丁汝昌（1836—1895）-人物研究②北洋海军-史料 Ⅳ.①K825.2②E295.2

中国版本图书馆CIP数据核字（2017）第294360号

责任编辑 秦 超
装帧设计 王 钧
主管部门 山东出版传媒股份有限公司
出版发行 山東畫報出版社
社 址 济南市胜利大街39号 邮编 250001
电 话 总编室（0531）82098470
市场部（0531）82098479 82098476（传真）
网 址 http://www.hbcbs.com.cn
电子信箱 hbcb@sdpress.com.cn
印 刷 山东新华印务有限责任公司
规 格 170毫米×240毫米
38印张 13幅图 600千字
版 次 2017年12月第1版
印 次 2017年12月第1次印刷
印 数 1–3000
定 价 98.00元